Anna Seydel

Stirb und werde

Anna Seydel

Stirb und werde

Rosenkreuzermotive in unserer Zeit

Verlag Urachhaus

Den Freunden des Münchner Mittwoch-Zweiges gewidmet

ISBN 978-3-8251-5168-3

Erschienen 2019 im Verlag Urachhaus
www.urachhaus.de

Umschlaggestaltung: Ursula Weismann
Umschlagabbildungen: Jüdisches Museum, Berlin (Teilansicht)
© akg-images / Dirk Radzinski und
Dorothea Templeton, Dunkelrot (Ausschnitt)
Gesamtherstellung: CPI books GmbH, Leck

Inhaltsverzeichnis

Anhang

»Christian Rosenkreutz und seine sieben Schüler legten den Anfang zur Erkenntnis des Gesetzes des Sittlichen, damit dieses nicht in dem von den Religionen Gegebenen in den Menschen nachklinge, sondern damit das Gesetz, als solches erkannt, in jedem Menschen zum individuellen Leben erwache. Die Wahrheit auf den Gebieten der Moral, der Sittlichkeit, der Güte, soll als ein Erkanntes und Empfundenes im Menschen erstehen.«

Rudolf Steiner[1]

»Die Rosenkreuzer stehen in vorderster Front beim Kampf zwischen den guten und den finsteren Mächten. Auf bestimmten Gebieten müssen sie Vorreiter sein. [...] Heute steht der Rosenkreuzer voll in der Öffentlichkeit. Wir werden lernen müssen, nach den Urbildern zu suchen. Wir müssen lernen, ›metamorphosierend‹ zu denken. Das ist eine Fähigkeit, die der Rosenkreuzer entwickeln muss.«

Bernard Lievegoed[2]

1 Einführung

Vorbemerkung

Zu den Aufgaben, vor denen die Menschheit gegenwärtig steht, gehört es, ein neuartiges und gegenwartsnah gestaltetes Verhältnis zu den vier großen Bereichen zu bekommen, die dem Menschen als Welt gegenübertreten und zu denen er in seinem Erdenleben individuell eine Beziehung eingeht:

- zur Natur im allerweitesten und umfänglichsten Sinn;
- zum anderen Menschen, seinem Wesen und seinem Schicksal, wie zu den Formen und Gestaltungen seines Zusammenlebens mit anderen Menschen;
- zu sich selbst, zu Selbsterkenntnis, Selbstbewusstsein und Selbstgestaltung;
- zu Christus und zur geistigen Welt, das heißt: zu Religion und Geisteswissenschaft.

Zu diesen Gegebenheiten und Aufgaben stehen Christian Rosenkreutz und das Rosenkreuzertum in besonderer Beziehung. Was wir heute von ihm und seiner Mission innerhalb der Entwicklung Europas wissen, verdanken wir im Wesentlichen den Darstellungen Rudolf Steiners, mit denen er uns an die Forschungsergebnisse der Geisteswissenschaft anschließt.

1904 begannen Rudolf Steiners Mitteilungen über Christian Rosenkreutz und das Rosenkreuzertum. Wir können sie in seinem Gesamtwerk an vielen Stellen, eingestreut in oft ganz andere Zusammenhänge, auffinden. Wer sie dort findet, den berühren sie unter Umständen unmittelbar. Er fühlt sich einbezogen in die großen Entwicklungsgesetzmäßigkeiten der Welt und dabei selbst auf den Plan gerufen.

1907 hält Rudolf Steiner in München im Anschluss an den Münchner Kongress den ersten großen zusammenhängenden Zyklus über Christian Rosenkreutz. In 14 Vorträgen widmet er sich dem Rosenkreuzertum, dessen Geschichte und zukünftiger Mission sowie grundsätzlichen Fragen, die mit dieser Thematik im Zusammenhang stehen, insbesondere der Methodenfrage.[3] Im Herbst 1911 wendet sich Rudolf Steiner dann erstmals in Neuchâtel in zwei großen Vorträgen einer umfangreichen und zusammenhängenden Darstellung des Rosenkreuzertums sowie Einzelheiten der Biografie von Christian Rosenkreutz zu.[4]

Von da an folgen bald die zugleich weitestreichenden wie intimsten Darstellungen, die schließlich einmünden in die Zukunftsperspektiven der spirituellen Entwicklung der Menschheit, ihrem Verhältnis zur geistigen Welt, den Beziehungen des Menschen zu Christus und dem Wachwerden des Menschen für das Wiedererscheinen Christi in der ätherischen Welt.

Gegenwärtige Schriften zum Rosenkreuzertum

Das Thema des Rosenkreuzertums wurde nach Rudolf Steiners Tod von einzelnen Persönlichkeiten aufgegriffen, die ihre Forschungen auf der Grundlage der Anthroposophie entwickelten und dabei zu eigenständigen und weiterführenden Ergebnissen kamen. Diese können uns eine Hilfe sein, eine eigene Beziehung zu dieser Thematik anzubahnen. Die ersten Veröffentlichungen begannen Mitte des vorigen Jahrhunderts.

Eine dieser frühen Schriften, *Geschichtsimpulse des Rosenkreuzertums* von Karl Heyer, erschien 1938 und enthält seine Forschungen zu den Rosenkreuzern im Jahrhundert der Französischen Revolution.

Paul Regenstreif veröffentlichte 1977 den Band *Christian Rosenkreutz und seine Mission* als Arbeitsmaterial zum Studium der Geisteswissenschaft Rudolf Steiners. Darin findet sich die wohl erste große Zusammenfassung zu dieser Thematik, in der er die Aussagen Rudolf Steiners einzelnen Fragestellungen zuordnet und dem Verständnis des Lesers zugänglich macht.

Mit dem Beginn des 21. Jahrhunderts folgten fast schlagartig in kurzen Abständen umfangreiche Werke zur Rosenkreuz-Thematik.

Bastian Baan veröffentlichte schon 1997 zunächst in niederländischer, 2001 in deutscher Sprache eine kommentierte Übertragung der Schrift von Johann Valentin Andreae aus den ersten Jahren des 18. Jahrhunderts zur Chymischen Hochzeit des Christian Rosenkreutz. 2005 erschien Malte Diekmanns umfassendes Werk zum Kreis der großen Mysterienströmungen der Menschheit. 2007 gab Andreas Neider eine kommentierte Auswahl von Texten Rudolf Steiners zum Rosenkreuzertum heraus. Diese ermöglichen dem Leser eine Zusammenschau der verschiedenen Darstellungen. 2009 erschien Hella Krause-Zimmers Buch *Christian Rosenkreutz. Sich kreuzende Lebenswege* heraus, das sich mit den Inkarnationen der Individualität des

Christian Rosenkreutz befasst. 2010 publizierte Peter Selg sein Werk über Rudolf Steiner und Christian Rosenkreutz, 2012 veröffentlichte Virginia Sease die Schrift *Rudolf Steiners Versuch einer Stiftung für theosophische Art und Kunst,* die Kunst des Interpretierens nach rosenkreuzerischer Art.

2013 legte Christiane Haid ihre Arbeit zur Rosenkreuz-Meditation vor. 2016 erschien die Schrift *Johannes-Lazarus, die Geistselbstberührung des Ich* mit Beiträgen von Christiane Haid, Wolf-Ulrich Klünker und Mechtild Oltmann.

Alle genannten Schriften können den Leser tiefer in die Thematik hineinführen und ihn mit der Rosenkreuzerströmung in einen konkreten Zusammenhang bringen. Letztlich geht es darum, eine individuelle Beziehung zu Christian Rosenkreutz zu knüpfen und diese verbindlich und geistkonkret zu gestalten. Allen Büchern haben das Anliegen, ein Gesamtbild des Christian Rosenkreutz und seiner Mission zu vermitteln. Sie beleuchten auch das Verhältnis Rudolf Steiners und der Anthroposophie zu ihm und zur Zukunftsaufgabe der Geisteswissenschaft.

Die vorliegende Schrift widmet sich den Fragen nach den Impulsen des Rosenkreuzertums und den rosenkreuzerischen Erkenntnisansätzen.

Persönliche Bemerkungen zum Entstehen der vorliegenden Schrift und Danksagung

Mit dem Zustandekommen dieses Buches hat es eine Bewandtnis: Paul Regenstreif widmet sich in seinen Ausführungen *Christian Rosenkreutz und seine Mission* (1977) der Tatsache, dass es innerhalb der geschichtlichen Entwicklung der Neuzeit Perioden gegeben habe, welche die Menschen in größere Nähe zu Christian Rosenkreutz hätten bringen sollen als andere Zeiten, dass aber Bequemlichkeit und Unachtsamkeit eine wirkliche und auch zivilisatorisch durchgreifende Annäherung an Christian Rosenkreutz und seine Intentionen verhindert hätten: Die Impulse wurden nicht aufgegriffen.

Rudolf Steiner hat diese Tatsache nicht nur auf die vor dem Dreißigjährigen Krieg liegende Zeit bezogen, sondern auch auf die Jahre vor dem Ersten Weltkrieg. Er wies damit seine Zuhörer auf die großen Zusammenhänge des Rosenkreuzertums mit der kulturellen Entwicklung der Menschheit in die Zukunft hinein hin.

Rosenkreuzerische Wahrheiten können überhört werden. Beim einzelnen Menschen sind Bequemlichkeit und Unachtsamkeit vielleicht etwas, das man als lässliche Sünden bezeichnen kann. Sie haben aber etwas Zeit-, bzw. Situationstypisches.

Die Sommerferien 1994 verbrachte ich in einer Küstenregion Nord-Irlands. Im Gepäck hatte ich die oben erwähnten Ausführungen Paul Regenstreifs über Christian Rosenkreutz, arbeitete das Buch gewissenhaft durch und nahm mir vor, mich im neuen Schuljahr einem vertieften Studium der Einzelheiten des Rosenkreuzertums zu widmen. Zu diesem Zweck schrieb ich auf ein schönes neues Heft den Namen »Christian Rosenkreutz« – in der Absicht, es mit Einzelheiten, die sich aus dem Studium ergeben würden, zu füllen. Aber die Zeit verging und wurde nach und nach zu Jahren. Unachtsamkeit und Bequemlichkeit hatten zur Folge, dass die Seiten leer blieben, und so blieb das damals gefasste Vorhaben zunächst ohne Konsequenzen.

Viele Jahre später stieß ich beim Studium des Buches *Mysterienstätten des Mittelalters. Rosenkreuzertum und modernes Einweihungsprinzip* auf eine Textpassage, in der Rudolf Steiner Worte aufzeichnet, von denen er sagt, dass sie in den Rosenkreuzergemeinschaften des 15. bis 18. Jahrhunderts in dieser Art hätten gesprochen werden können:

> »Gehen wir zu jenem Baume. Meine Seele kann in die Nadeln hineinkriechen, in die Tannenzapfen hineinkriechen, denn meine Seele ist überall. Wenn sie in die Tannenzapfen und in die Nadeln hineinkriecht, dann schaut sie durch die Tannenzapfen und Nadeln hinaus in die Weltentiefen und Weltenfernen, und dann wird man eins mit der ganzen Welt.« (GA 233a, S. 52.)

Als ich dies las, war ich bestürzt. Ich fand und erkannte in ihnen wieder, was ich in der Vorbereitungsarbeit zu einer Pflanzenkunde-Epoche der 6. Klasse über die Bemühung, mich in die Phänomene von Tanne und Fichte einzuleben, persönlich erfahren hatte, ohne diese Textpassage zu kennen. In Rudolf Steiners Worten hatte ich den Punkt gefunden, der mein tiefstes Interesse entzündete und mich unwiderruflich mit der Rosenkreutz-Strömung zusammenführte. An dieser Stelle liegen die Keime zu der vorliegenden Schrift.

Dass sie verwirklicht werden konnte, verdanke ich in erster Linie Erika Leiste. Als ich ihr von meiner Entdeckung des genannten Textes erzählte, war sie betroffen und fand, dass ich darüber schreiben sollte. Sie sicherte mir zu, mich in dem Vorhaben zu unterstützen, war aber in der Einschätzung dessen, was da auf sie zukam, durchaus nicht realistisch.

Ich begann also, zu recherchieren und dann zu schreiben, so entstanden die ersten Kapitel. Ich schrieb fleißig, zwei-, drei- oder auch vier Fassungen eines Kapitels. Und sie setzte das Ganze in den Computer, fleißig, zwei-, drei oder auch vier Fassungen. Aber dann neigte sich die Arbeit schließlich einmal ihrem Ende zu. Doch dann kamen die Ordnungs- und Kürzungsarbeiten: Die Kapitel mussten durchgesehen, ihr Inhalt oft Wort für Wort besprochen, begründet und verteidigt, gekürzt, gestrafft und zusammengefasst oder auch erweitert, vereinfacht oder differenziert werden, je nach dem Urteil des einen oder des andern. Und schließlich mussten die verschiedenen Fassungen zu einer einzigen verschmolzen werden. Das ging eine Weile so hin. Inzwischen ist das Buch ein Organismus geworden. Seine erste Gestalt hat es längst überwunden und wartet auf die Fertigstellung. Ich danke Erika Leiste, dass sie mich voll in meinem Vorhaben unterstützt und alle Krisen geduldig in Kauf genommen hat. Als das Wertvollste an dem Prozess kristallisierten sich die Gespräche heraus, durch die wir uns gleichermaßen in das Licht der Anthroposophie und des Rosenkreuzertums gestellt fühlten.

Danken möchte ich auch meinem Freund Christian Boettger, der mich in allen Phasen des Zustandekommens dieser Schrift unterstützt hat, auch in der Suche nach dem geeigneten Verlag.

Schließlich danke ich auch den Freunden, denen ich das Buch gewidmet habe, und die sich Woche für Woche als

Weggenossen erwiesen, ohne deren Begleitung ich mich verloren gefunden hätte.

Zum Schluss danke ich den Verfassern der oben genannten Bücher. Sie machten mich auf wesentliche Gesichtspunkte der Biografie und der Mission des Christian Rosenkreutz aufmerksam.

Anna Seydel München, Mai 2019

2 Die Rosenkreuzerströmung

Wer war Christian Rosenkreutz?

Christian Rosenkreutz lebte von 1378 bis 1484, zur Zeit des ausklingenden Mittelalters am Beginn der Neuzeit, des Bewusstseinsseelen-Zeitalters. Dokumentiert sind die Einzelheiten seines damaligen Lebens in den drei Rosenkreuzer-Schriften:

Fama Fraternitatis
oder der Brüderschaft des hochlöblichen Ordens des C.R., an die Häupter, Stände und Gelehrten Europae (1614)

Confessio Fraternitatis
oder Bekenntnis der löblichen Brüderschaft des hochgeehrten Rosencreutzes an die Gelehrten Europae (1615)

Die Chymische Hochzeit Christiani Rosencreutz Anno 1459
1616 in Straßburg zum ersten Mal im Druck veröffentlicht.

Die Schriften erschienen zwischen 1614 und 1616, ihr Verfasser war Valentin Andreae. Dieser war zu der Zeit, als er die Schriften verfasste, ein junger Student der Theologie, später wurde er evangelischer Pfarrer.

Bastian Baan schreibt in seiner Einleitung zur *Chymischen Hochzeit* über die Wirkung dieser Schriften:

> »Diese drei Schriften verbreiteten sich wie ein Lauffeuer über ganz Europa und verursachten einen ebenso großen Wirbel wie die tumultuarischen Ereignisse der Reformation. In Gelehrten- und Künstlerkreisen, beim Adel und an Fürstenhöfen entstanden heftige Bewegungen für oder gegen diese Inhalte. Keine Strömung der Geschichte wurde womöglich so radikal bekämpft wie die der Rosenkreuzer.«[5]

Ein Wunder ist diese Wirkung nicht: Die Schriften erschienen in einer Zeit, in der es gerade vor allem darum ging, sich von der Glaubens- und Jenseitsorientierung des Mittelalters zu lösen und möglichst nur gelten zu lassen, was als Beobachtung der sinnenfälligen Gegebenheiten und durch den kombinierenden Verstand von jedem nachvollzogen werden konnte. Bei den Schriften Johann Valentin Andreaes handelte es sich aber um Mitteilungen aus dem Feld übersinnlicher Beobachtungen, die zu jener Zeit im Schwinden begriffen waren.

Rudolf Steiner ist der Entstehung und dem Inhalt dieser Schriften mit den Mitteln der Geistesforschung nachgegangen. Er hat die Authentizität ihres Verfassers sowie des Christian Rosenkreutz bestätigt.[6]

In der *Fama Fraternitatis* hat Valentin Andreae das Leben des Christian Rosenkreutz beschrieben. Eine Übersetzung in die Sprache unserer Zeit durch Johann Wilhelm Gädeke findet sich im Anhang von Peter Selgs Buch *Rudolf Steiner und Christian Rosenkreutz*. Der hier aufgezeichnete Lebensabriss folgt im Wesentlichen dieser Darstellung.

Nach dem Bericht der Fama wurde Christian Rosenkreutz 1378 am Rhein als Sohn adeliger, aber verarmter Eltern geboren. Als Fünfjährigen gaben seine Eltern ihn in ein Kloster, wo er die griechische und lateinische Sprache »ordentlich lernte«, wie es in der Fama heißt. Er erwarb sich umfangreiche Kenntnisse der Pflanzen und ihrer Anwendung für Heilmittel und blieb bis zu seinem 16. Lebensjahr in dem Kloster. Dann durfte er auf sein eigenes Bitten und Flehen hin einen Pater auf eine Reise ins Heilige Land begleiten. Der Pater verschied auf Cypern. Christian Rosenkreutz kehrte daraufhin aber nicht zurück, sondern schiffte sich ein, um ins Heilige Land zu gelangen. So kam er nach Damaskus.

Dort machte er die erschütternde Erfahrung, die vor ihm schon Paulus in dem Erlebnis vor Damaskus gemacht hatte: dass Christus lebt, dass er auferstanden ist und dem Menschen real gegenübertreten kann: Es ist das Schauen des Christus im Ätherischen. In damaliger Zeit haben nur sehr wenige auserwählte Menschen diese Erfahrung machen können. In der Gegenwart wird dieses Erlebnis immer mehr Menschen zuteil, und es ist eng mit der Mission des Christian Rosenkreutz verknüpft. Rudolf Steiner hat sich in vielfacher Weise zu dieser neu auftretenden übersinnlichen Erfahrung von Menschen geäußert.

> »Dann wird in Zukunft, wenn auch zunächst eine noch kleine Schar, das Ereignis des Paulus vor Damaskus erleben dürfen und wahrnehmen den ätherischen Christus, der über-sinnlich unter die Menschen kommt.«[7]

Christian Rosenkreutz blieb eine Zeitlang in Damaskus und gewann durch seine fundierten pflanzen- und heilmittelkundlichen Erkenntnisse das Vertrauen der Menschen. Da erfuhr er von einer klösterlichen Niederlassung in Damkar in Arabien, dass es dort Weise gebe, welche Künste sie betrieben und dass sich ihrer Erkenntnis die ganze Natur offenbart habe.

Eigentlich wollte er nach Jerusalem, doch aufgrund dieser Berichte änderte er seine Pläne und gelangte nach Damkar in das Kloster. Hier wurde er freudig begrüßt und nach Einzelheiten seines deutschen Klosters befragt. Er wurde sogar bei seinem Namen genannt, wodurch sich zeigte, dass er erwartet worden war und zu Menschen kam, die ihn schon zu kennen schienen, worüber er sich nicht genug verwundern konnte.

Er erlernte in Damkar die arabische Sprache und vervollkommnete sich darin so umfassend, dass er das »Librum Mundi« aus dem Arabischen ins Latein übersetzen konnte. Dieses Buch ist eine geheimnisvolle Schrift, von der es heißt, dass Paracelsus sein Wissen aus ihr geschöpft habe, und dass nur die Eingeweihten wissen: erstens, was das Buch M. ist, und zweitens, was das Studium im Buche M. bedeutet. Darüber hinaus erwarb sich Christian Rosenkreutz weitreichende Erkenntnisse in Mathematik und Physik.

Im frühen Mittelalter war das Naturwissen durch die Schriften des Aristoteles in den Orient gelangt. Bemerkenswert ist, dass Christian Rosenkreutz nun in Damkar den Anschluss an diesen Erkenntnis- und Entwicklungsstrom gewann. Durch das Erlernen der arabischen Sprache lebte er sich tief in die orientalischen Gedankenformen ein und lernte, in der äußeren Welt Vorgefundenes gedanklich zu verarbeiten. Das ist eine Fähigkeit, die dem Menschen der Bewusstseinsseelenzeit in besonderer Weise obliegt, damals aber noch wenig ausgebildet war.

Nach drei Jahren verließ er Damkar und kam nach Ägypten. Dort blieb er, so wird berichtet, so lange, bis er sich mit der dortigen Pflanzen- und Tierwelt vertraut gemacht hatte. Dann reiste er auf Empfehlung seiner arabischen Lehrer zu weiteren Studien nach Fez in Marokko und blieb dort drei Jahre lang. Anschließend kehrte er über Spanien nach Mitteleuropa zurück.

Besonderen Eindruck machte ihm in der morgenländischen Welt, dass gelehrte Araber und Afrikaner jedes Jahr zusammenkamen, um sich gegenseitig über den Fortschritt ihrer Wissenschaften auszutauschen. Er hatte die Hoffnung, dass sich in ähnlicher Art auch die Gelehrten Europas zusammentun und mit ihm gemeinsam ihre Studiengänge nach seinen Erkenntnissen neu ordnen würden. Zwar gab er den Gelehrten neue Ausgangspunkte für ihr Vorgehen, aber er fand für seine zukunftsorientierten Ideen kein Gehör.

Wieder nach Deutschland zurückgekehrt, suchte er nach anderen Wegen, innerhalb der Kultur seiner Zeit wirksam zu werden. Er errichtete eine Stätte, in der er seine Studien durchführen konnte, und ließ die entsprechenden Instrumente dafür bauen. Dort konnte er seine auf den Reisen gesammelten Erfahrungen und Erkenntnisse ordnen und schriftlich niederlegen. Dazu erbat er sich die Hilfe von drei Brüdern aus seinem ehemaligen Kloster, welche er verpflichtete, zuverlässig, fleißig und verschwiegen zu arbeiten und alles, wozu er sie anleiten würde, mit größter Hingabe zu Papier zu bringen. Diese kleine Gemeinschaft wurde die erste Zelle der Geheimen Bruderschaft vom Rosenkreutz.

Sie wurde der Keim zu einer Entwicklung, die wir heute als Rosenkreuzertum bezeichnen. Als Gründungszeitpunkt wird das Jahr 1413 angegeben. Christian Rosenkreutz war damals 35 Jahre alt. Es war das Jahr des Beginns der fünften Nachatlantischen Kulturperiode, des Bewusstseinsseelenzeitalters.

Rudolf Steiner schildert, dass durch diese geheime Bruderschaft seit dem 18. Jahrhundert esoterische Weisheit in das mitteleuropäische Kulturleben einfloss. Er berichtet auch, dass Christian Rosenkreutz im Jahre 1459 als 81-Jähriger eingeweiht wurde, und dass er seitdem immer wieder in neuen Inkarnationen als Führer und Lehrer der rosenkreuzerischen Strömung wirkt. Dabei betont er:

> »Erst in unserer Zeit ist es wieder möglich geworden, die Quellen rosenkreuzerischer Weisheit zu erschließen und sie einfließen zu lassen in die allgemeine übrige Kultur ...«[8]

Die Rosenkreuzerweisheit inspiriert seither die Herzen der Menschen zu zukunftsvollem und zeitgemäßem Handeln, das sich im innersten Wesenskern eines Menschen als Impulse rosenkreuzerischer Art zur Geltung bringt.

Wie Christian Rosenkreutz seine Schüler beruft

Die Voraussetzung dazu, dass ein Mensch von Christian Rosenkreutz berufen wird, liegt, wie Rudolf Steiner im Vortrag vom 27.9.1911 in Neuchâtel darstellt, in einem vorgeburtlichen Geschehen, in dem eine Begegnung zwischen Christian Rosenkreutz und dem betreffenden Menschen stattgefunden hat. Es wird geschildert, dass derjenige, den Christian Rosenkreutz als seinen Schüler beruft, an ein Todeserlebnis herangeführt wird und auf zunächst unerklärliche Weise vor dem Tode bewahrt wird. Es kann etwa geschehen, dass er in diesem Augenblick mit seinem Namen gerufen wird – aber kein Mensch ist in der Nähe, der gerufen haben könnte. Oder dass er die Erfahrung macht, dass ihm jemand in der Gefahr konkret beisteht, ihm zum Beispiel mitteilt, was er tun muss, um sich aus dieser Gefahr zu retten, oder ihm im Augenblick der Gefahr die Panik nimmt.[9]

Von diesem Augenblick an beginnt eine neue Welt sich seinem Wahrnehmen anzunähern und führt ihn in eine andere innere Verfassung, in der ihn das gewonnene Erlebnis nicht mehr verlässt. Auch wenn sich ein Mensch dieser Dimension seiner Erfahrung erst später bewusst wird: Irgendwann ist der Moment gekommen, und dann kann sich daran die Erkenntnis entzünden: *Christian Rosenkreutz hat dich gerufen. Du bist in die Schar seiner Schüler aufgenommen worden.* Es ist der Beginn einer konkreten Beziehung zu Christian Rosenkreutz, der Beginn der Erfahrung, dass er lebt und dem Menschen erreichbar ist, dass es aber in dessen Freiheit gestellt ist, wie er die Beziehung gestaltet.

Rudolf Steiner betont, dass die Berufungserfahrung in das Leben zahlloser Menschen der Gegenwart hereinkomme. Sie müssen aber auch lernen, darauf achtzugeben, um zu erkennen, wodurch Christian Rosenkreutz ihnen ein Zeichen gibt, dass sie sich seiner Strömung zugehörig fühlen dürfen.

Obwohl die Berufungserfahrung den Menschen, der sie durchgemacht hat, in eine reale Beziehung zu Christian Rosenkreutz bringt, bedeutet dies noch nicht, dass ihm dadurch schon gegeben ist, zu wissen, wer dieser ist. Das können nur die Eingeweihten wissen, heißt es. Dieser einschränkenden, sogar ernüchternden Aussage steht eine andere gegenüber, in der Rudolf Steiner sich zu der Frage, wie wir Christian Rosenkreutz erkennen, an anderer Stelle äußert:

> »Wir erkennen Christian Rosenkreutz am besten, wenn wir uns so recht in seine Individualität vertiefen und uns bewusst werden, dass der Geist dieses Christian Rosenkreutz fort und fort besteht. Und je mehr wir uns diesem großen Geiste nähern, desto mehr Kraft wird uns zukommen. Von dem Ätherleib dieses großen Führers, der immer und immer da sein wird, können wir viel Kraft und Beistand erhoffen, wenn wir diesen großen Führer um seine Hilfe bitten.«[10]

Das ist eine Möglichkeit, die heute jedem Menschen offensteht.

Das Studium: Der erste Schritt des rosenkreuzerischen Schulungsweges

Die Erfahrung der Berufung ist eine mehr oder weniger in sich abgerundete, geschlossene, zeitlich begrenzte Begebenheit, kein länger währender Prozess. Sie bleibt dem Menschen oft lange in Erinnerung, ohne dass er den inneren Zusammenhang mit seinem Leben zu diesem Zeitpunkt schon überschaut und auch ohne, dass er bis zu diesem Erlebnis schon mit Anthroposophie in Berührung gekommen sein muss. Die Berufungserfahrung bleibt für ihn vorerst ein Rätsel.

Im weiteren Verlauf seines Lebens kann sich aber ergeben, dass ihn sein Weg zur Anthroposophie führt und dass er damit den Mitteilungen und Schilderungen der Geisteswissenschaft begegnet. Er kann sich veranlasst sehen, ihre Inhalte näher kennenlernen zu wollen. Irgendwann stößt er dabei dann vielleicht auf ein Wort Rudolf Steiners zu Christian Rosenkreutz. Da findet er den Zusammenhang seines Erlebnisses, das ihm von außen widerfahren ist, mit seinem eigenen Leben, mit seiner eigenen biografischen Erfahrung, und es öffnet sich ihm der Blick dafür, dass ein Weg vor ihm liegt, an dessen Anfang er steht, ohne dass er schon ahnt, wohin ihn der Weg führen wird.

Den Anfang dieses Weges beschreibt Rudolf Steiner als das Studium der Geisteswissenschaft. Zunächst ist es ein Kennenlernen ihrer Inhalte: die erste Stufe der Rosenkreuzerschulung.

Das Studium bezieht sich auf Inhalte, die der Geistesforscher über die von ihm erforschten übersinnlichen Zusammenhänge und geistigen Tatsachen mitteilt. Es versetzt den Schüler in die Lage, neue Inhalte – und noch dazu in unbekannter Weise – kennenzulernen und sich nach und nach mit ihnen vertraut zu machen. Es gibt vielerlei Möglichkeiten, dieses Studium aufzunehmen. Die erste Aufgabe, die sich beim Studium der Geisteswissenschaft stellt, besteht darin, sich ein klares, folgerichtiges, vielleicht sogar ein neues Denken anzueignen.

Dabei kann eingewendet werden, dass manche Menschen geisteswissenschaftliche Gedanken für logisch nicht nachvollziehbar halten. Bei näherem Kennenlernen kann sich aber erweisen, dass die Gedanken, wenn man sich vorurteilslos auf sie einlässt, folgerichtig an den vorausgegangenen Gedankenverlauf anknüpfen, dass keine Willkür waltet, sondern Ordnung, und dass jeder Gedanke, wenn man sich mit seinen Voraussetzungen vertraut gemacht hat, nachvollzogen werden kann.

Darauf weist Rudolf Steiner sogar eigens hin:

> »Alle diese Dinge werden so gesagt im Rosenkreuzertum, dass sie von der Vernunft nachgeprüft werden können. Durch den gesunden Menschenverstand können alle diese Sachen geprüft werden. Glauben Sie mir auf Autorität hin gar nichts, sondern betrachten Sie alles, was ich sage, nur als Anregung und prüfen Sie dann selbst.«[11]

Die Gedanken sind einleuchtend, sie folgen dem Verlauf von beobachtbaren und beobachteten Tatsachen – das ist das Prinzip naturwissenschaftlichen Vorgehens. Es geschieht nicht in beliebiger, willkürlicher Weise, sondern in logischer, auch wenn es sich um eine Logik handelt, wie sie zum Beispiel im Wachstumsvorgang einer Pflanze oder in großen Kunstwerken anzutreffen ist. Dieses Vorgehen kann den Menschen, der der Gedankenführung folgt, zu drei wesentlichen Punkten führen:

- zum Gewahrwerden neuer Zusammenhänge,
- zur Erfahrung des Lebendigen in einem Gedanken,
- zum Erlebnis der Wahrheit.

Es kann ihn empfindlich machen gegen Unstrukturiertheit, Beliebigkeit und gegen alles Phantastische.

Logisches Denken verbindet den Menschen mit Objektivem, mit inhaltlich Gegebenem, was seinem Verständnis aber nicht unbedingt von vornherein zugänglich zu sein braucht. Komplizierte Gedankengänge lassen sich von einem Anfänger oder einem im Denken weniger Geübten nicht immer gleich verstehen. Wenn sich ein Mensch aber darin übt, in seinen Gedanken Folgerichtigkeit walten zu lassen, und er dazu vielleicht auch innerhalb seiner Lebenszusammenhänge angeregt wird, macht er sich fähig, nach und nach auch für weniger offen zutage liegende Tatbestände aufzuwachen. Die Fähigkeit, logisch zu denken und innerlich bei der Sache zu bleiben, ist ein Schlüssel zur allmählichen Erfahrung eines Übersinnlichen. Das kann auch die Erfahrung eines Lebendigen sein. Es kann dem Menschen Zusammenhänge sichtbar machen und in ihm die Fähigkeit eigenständigen schöpferischen Denkens wecken.

Durch das Studium der Geisteswissenschaft kann sich ein Mensch an die Zukunft angeschlossen erfahren, an Wahrheit, Entwicklung, Leben und Sinn. So erweist sich das Studium als erste unerlässliche, ein Leben lang zu übende und zu pflegende Stufe auf dem rosenkreuzerischen Schulungsweg.

Die Frage:
Ein zentrales rosenkreuzerisches Motiv

Christian Rosenkreutz war im ausklingenden Mittelalter in Mitteleuropa inkarniert. Diese Zeit begann 1413 und bezeichnet den Beginn des Bewusstseinsseelen-Zeitalters, der aufkommenden Naturwissenschaft. Seit dieser Zeit hat der Mensch ein gänzlich anderes Verhältnis zur geistigen Welt als vorher. Und Rudolf Steiner bezeichnet Christian Rosenkreutz als tonangebend für die Art und Weise, wie beim Heraufkommen der neueren Menschheitsphase ein erleuchteter Geist sich in ein Verhältnis zur geistigen Welt setzen kann.[12]

Christian Rosenkreutz schloss sich in seinem Erkenntnisstreben zwar an die naturwissenschaftliche Ausrichtung an, indem er von der Beobachtung des sinnlich Gegebenen ausging. Er verfiel ihr aber nicht und verlor darüber auch nicht seine erkennende Beziehung zur geistigen Welt, denn er war ein erleuchteter Geist, ein erkennender Geist, und konnte sich in ein eigenständiges Verhältnis zur geistigen Welt setzen.

Damit weist Christian Rosenkreutz weit über seine Zeit hinaus; denn wirklich relevant wird die Frage des erkennenden Zugangs zur geistigen Welt erst in der Zeit nach Anbruch des 20. Jahrhunderts, als die Geisteswissenschaft durch Rudolf Steiner in die Welt trat. Damals bahnte sich zivilisatorisch an, was heute allgegenwärtig ist: dass auf nahezu allen Gebieten des Lebens das bisher gepflegte und eingesetzte Sinneswissen und der kombinierende und beurteilende Verstand nicht mehr die selbstverständliche Grundlage dafür bilden, den Schwierigkeiten des Lebens gewachsen zu sein.

Es geht heute vielmehr darum, ein neues, ein inneres Verhältnis zu den Fragen zu gewinnen, die uns das Dasein stellt. Dabei fällt ein Licht auf die Impulse, die von Christian Rosenkreutz am Beginn der Neuzeit für den Fortgang der Menschheitsentwicklung ins Dasein gelangten, aber erst heute in zunehmendem Maße Aktualität gewinnen.

Diesen Impulsen gegenüber können wir uns öffnen, wenn wir uns eine Aussage Rudolf Steiners vergegenwärtigen:

> »Man möchte sagen, Christian Rosenkreutz war es beschieden, die verschiedensten, denkbar höchsten Fragen, Rätselfragen an das Dasein zu stellen, zu stellen gegenüber früheren Erfahrungen der Menschen in einer ganz neuen Weise.«[13]

Dieser Satz aus dem Zyklus *Mysterienstätten des Mittelalters* ist vielschichtig. Rudolf Steiners Aussagen beziehen sich zunächst alle auf Christian Rosenkreutz. Wenn wir uns in sie vertiefen, vertiefen wir uns damit zugleich in die Individualität dieses hohen Eingeweihten. Christian Rosenkreutz hat Fragen, Rätselfragen, an das Dasein gestellt: Als ein Rätsel erlebt der Mensch etwas, was zwar innerhalb seiner Wahrnehmung auftaucht, sich aber nicht aus ihr selbst erschließt oder erklären lässt. Es ist etwas in der Wahrnehmung enthalten, das über die Verstehbarkeit und Erklärbarkeit hinausgeht – und somit für das eigene Verständnis etwas offenlässt.

Damit setzen wir uns auf die Spur des frühen Rosenkreuzertums. Vor einem Rätsel zu stehen, kann einen Menschen verunsichern. Es kann in ihm aber auch das Bedürfnis wecken, das Rätsel zu lösen, damit die Lösung Eingang in das eigene Weltverständnis finden kann. Oft sind dazu Beharrlichkeit und Ausdauer nötig, wie auch die ahnende Gewissheit, dass das Rätsel letztlich lösbar *ist*. Im Rätsel ist etwas anwesend, was sich im Augenblick des Rätsel-*Empfindens* noch dem Blick entzieht.

Wenn ich das Rätsel aber gelöst und die Antwort auf meine Frage gefunden habe, wird diese Antwort Teil meines eigenen Lebens. Zuvor habe ich nur geahnt, dass mir etwas fehlt, was mich eigentlich vervollständigen möchte. Meine Lösungsversuche enthalten den Impuls, über mich hinauszuwachsen. Zugleich wächst durch meine Bemühung, das Rätsel zu lösen, etwas wie in mich hinein und macht mich reicher. Es wächst mir von außen entgegen. Das charakterisiert weitgehend das Verhältnis, das Christian Rosenkreutz zu den Erscheinungen der Welt hatte.

Rudolf Steiners spricht in Bezug auf Christian Rosenkreutz davon, welcher Art die Fragen seine Fragen waren und wie sie gestellt wurden. Dass die Fragen von Christian Rosenkreutz »die denkbar höchsten Fragen« waren, die ein Mensch stellen kann, geht schon aus dem Wort Steiners hervor, dass es ihm beschieden gewesen sei, diese Fragen zu stellen. Wem etwas beschieden ist, der erteilt sich die Legitimation dazu nicht aus sich selbst heraus. Es zeigt sich dann, dass im Schicksal so eines Menschen etwas anwesend ist, das über ihn hinausweist und ihn überschwebt: etwas, das sich in seinem Bewusstsein als Frage an das Dasein zur Geltung bringen kann. Es ist in Christian Rosenkreutz etwas anwesend, das ihn seine Fragen aus tiefsten Seelengründen heraus stellen ließ. Er stellte die Fragen in einer ganz neuen Weise.

Fragen kann man gegenüber dem Dasein von sich aus stellen. Sie können aber auch von etwas ausgehen, das einem im Dasein gegenübertritt. Oder Fragen können sich von sich aus aufdrängen. Man kann sich Fragen gegenüber verschließen oder sie überhören. Christian Rosenkreutz verschloss sich nicht den Dingen gegenüber, die ihm begegneten. Er stellte sich der Frage aus seiner Ich-Natur heraus gegenüber, direkt und ohne Vorlauf.

Darin zeigt sich, in welcher Weise Christian Rosenkreutz der Welt gegenübertritt. Und darin wiederum offenbart er sich selbst: individuell, initiativ, ausgestattet mit der frischen Unverbrauchtheit einer jugendlichen Seele, willensstark und unerschrocken. So erleben wir ihn auch in dem Bericht von der Chymischen Hochzeit. Wen der oben zitierte Satz von Rudolf Steiner mit seiner Frische und jugendlichen Unbefangenheit durchweht, macht sich bereit, sich dem Strom des Rosenkreuzerwollens gegenüber zu öffnen. Er beginnt, Fragen an das Dasein zu stellen und sich so Christian Rosenkreutz selbst anzunähern.

Diese Individualität ist es, die uns den drängenden Fragen des Lebens entgegenführt. Man macht dabei die Erfahrung, *aktueller* zu werden, als man es vielleicht von Haus aus ist, und man merkt, dass es die Fragen sind, die einem eine Sache aufzuschließen beginnen.

Ich selbst bin Lehrerin und habe nach und nach gelernt, Fragen, die ich den Schülern am Morgen vorlegen wollte, um sie an das am Vortag Behandelte innerlich wieder anzuschließen, mir am Vorabend vorzulegen. Immer, wenn das gelungen ist, kamen am nächsten Morgen von den Schülern ganze Schätze ihrer inneren Stellungnahmen, gefärbt von ihrer individuellen Moralität, die ihre Beziehung zur Welt und zu sich selbst betrafen. Wenn ich die Frage aber erst am Morgen gefasst hatte, blieb dieser wundersame Strom aus, und das Gespräch verebbte nach kurzer Zeit.

Wer entdeckt, dass im Fragen selbst ein rosenkreuzerisches Motiv anwesend ist, das sich aber nur individuell und auch nur geistesgegenwärtig ergreifen lässt, der schließt sich an den Strom unerwarteter Hilfen an. Indem ich mir meine Frage vergegenwärtige, wird mir das Gefragte zugänglich. Es fängt an, mir durchsichtig zu werden, auf mich zuzukommen und sich mir zu öffnen.

In so einem Vorgang gesellt sich Christian Rosenkreutz dem Menschen zu. Christian Rosenkreutz ist der Wegbereiter der Geisteswissenschaft Rudolf Steiners, der Anthroposophie. Die Anthroposophie hat ihre Wurzeln im Rosenkreuzertum. Sie schließt eine Tür auf zum Verständnis dessen, was uns im Dasein begegnet. Wenn wir uns ihrer Begriffe bedienen und lernen, die richtigen Fragen zu stellen, dann erweisen sich ihre Aussagen als Schlüssel dazu, das Dasein umfassender zu verstehen und uns an das Leben anzuschließen. Christus sagt zu seinen Jüngern:

> »Ich Bin die Türe. Wer durch mich den Zugang findet, dem wird das Heil zuteil. Er lernt die Schwelle zu überschreiten von hier nach dort und von dort nach hier, und er wird Nahrung finden für seine Seele.«
>
> *Joh 10,9*[14]

3 Die Bildsprache des Jessefensters der Kathedrale von Chartres. Eine frühe rosenkreuzerische Inspiration

Bild und Gleichnis

Ein Mensch kann Zusammenhängen begegnen, die sich seinem rationalen Verständnis entziehen und ihm nicht ohne Weiteres innerlich zugänglich sind. Solange er sie nicht fassen kann, hat er keinen Teil an ihnen. Er fühlt sich ihnen gegenüber fremd.

Sobald es ihm aber gelungen ist, ein Bild von der Sache zu gewinnen, kann er sich sagen: »Jetzt bin ich im Bilde.« Das ist eine übersinnliche Erfahrung, eine Evidenzerfahrung, auch wenn sie wirkt, als wäre sie durch Überlegung zustande gekommen. Sie gibt ihm die unerschütterliche Sicherheit, auf die Lösung des Rätsels gekommen zu sein und sie von diesem Augenblick an nicht mehr zu verlieren, sondern den festen Punkt gewonnen zu haben, der ihm von nun an ein Handeln ermöglicht. Jetzt kann er, von fremdem Urteil unabhängig, das ihm richtig Erscheinende in die Wege leiten. Das ist eine fundamentale innere Erfahrung von Freiheit. Denken und Wollen klingen in diesem Augenblick zusammen, und darin findet sich der Mensch als Ich, aufleuchtend im eigenen Werdewesen. In der Kathedrale von Chartres wurde diese Erfahrung für mich unerwartet relevant.

Die Kathedrale von Chartres und das Jessefenster

Chartres, das ist zunächst eine Stadt mittlerer Größe im Süden von Paris, in einer weiträumigen, baumarmen, sanften, von Getreidefeldern dominierten und friedeerfüllten Landschaft gelegen – bis einem völlig unerwartet die Kathedrale ins Blickfeld rückt: der machtvolle, alles überragende Bau, Zentrum des ganzen umgebenden Landes.

In der Kathedrale von Chartres finden sich über dem Westportal unter der großen Rosette drei der ältesten Fenster, Bildwerke von großer Eindringlichkeit. Entstanden sind sie in der Mitte des 12. Jahrhunderts. Sie beschreiben die Menschwerdung Christi, seinen Tod und seine Auferstehung.

Das Jessefenster ist das erste der drei Bildwerke. In sieben aufeinander aufbauenden Einzelbildern schildert es die Menschwerdung Christi. Dabei bezieht es seine Darstellung auf eine Weissagung des Propheten Jesaja:

> »Doch wächst hervor ein Reis aus Jesses Stamm
> und ein Spross bricht aus seinen Wurzeln hervor.«
>
> *Jesaja 11,1*

Der Bildaufbau des Jessefensters

Der Betrachter trifft auf ein Fenster von anrührender Schönheit, das in der Musikalität seines Aufbaus und der wunderbaren Gestaltung und Farbigkeit mit einem Ruck einen tiefen Eindruck auf ihn macht (siehe Abb. 1 und 2).

Abb. 1 Das Jessefenster

Es umfasst sieben Bilder in strengem Aufbau. Eigentlich sind es acht, die obersten beiden stellen aber Christus dar und bilden dadurch inhaltlich trotz der Unterteilung ein Bild, so dass ich hier von sieben Bildern sprechen werde.

Im untersten ruht Jesse, der Vater König Davids. Aus ihm erhebt sich ein Stamm, der aufsteigend sechs Knoten bildet. Aus jedem Knoten wachsen zwei Astpaare heraus, die sich symmetrisch in pflanzenhafter Gebärde nach beiden Seiten hin neigen. In den Astgabeln thronen, stellvertretend für die lange Reihe der Vorfahren Jesu, vier Könige, in der vorletzten Maria, die Mutter Jesu, und in der obersten Christus, Haupt und Gestalt von weißen Tauben umgeben. Dieses Geschehen bildet die Mitte des Fensters, seine Achse mit ihrer von unten nach oben führenden Dynamik.

Jedes einzelne der sieben Bilder ist an seinen beiden Seiten durch je einen halbrunden schmalen Rahmen umschlossen. In die Rundungen dieser Rahmen schmiegen sich auf jeder Seite je sieben schlanke, der Bildmitte zugewandte Gestalten: Es handelt sich um die Propheten, deren Weissagungen auf das Geboren-Werden des Messias hinweisen. Sie begleiten die aufsteigende Generationenfolge bis zu Jesu Geburt.

Die Gesamt-Komposition bildet damit einen inneren Bildraum von eindringlicher Geschlossenheit. Auf dem lapislazuli-blauen Hintergrund entfaltet sich der Vorgang in sieben Bildern. Von außen blicken die Propheten auf das, was sich ereignet. Das gesamte Bild wird von Grüntönen umfasst. Durch diese Komposition wird deutlich, dass das eigentliche Geschehen eine innere Wirklichkeit ist, die aus der äußeren herausleuchtet. Das ist in wesentlichen Zügen der Inhalt dieses großen Fensters.

Die Wurzel Jesse

Vom ruhenden Jesse aus, im unteren der sieben Einzelbilder, erhebt sich in aufsteigender Gebärde ein weißer Stamm, rhythmisch sechs kraftvolle, kantige Knoten bildend. Sie stützen ihn wie der Takt eine Komposition, geben ihm Halt und Festigkeit.

Unmittelbar erlebt sich der Betrachter beim Anblick der Knoten in seiner Wirbelsäule ergriffen und aufgerichtet. Er fühlt sich konstituiert. Er erlebt diese Gebärde als ein sich durch die sieben Bilder hindurchwirkendes Aufrichten. Und erstaunt stellt man fest: Das Bild nimmt mich in sich hinein, ich werde Teil des Geschehens. Die Knoten straffen mich und bringen mich zu mir selbst. Ich bemerke: Das Bildwerk spricht eine Sprache, die ich im eigenen Leib unmittelbar verstehe.

Abb. 2 Detail aus dem Jessefenster, König von Juda

Aus den Knoten entspringen, zu beiden Seiten sich öffnend und sich zum Umfeld hin neigend, Astpaare in einer kosmisch anmutenden Wachstumsgebärde. Diese sich dem Umraum zuneigende pflanzenhafte Gebärde spricht sich gleichfalls in mir aus. Ich muss mich auf die Seelenäußerungen und Gebärden des *außer mir* Liegenden einlassen, um *in mir* die Beziehung zu begründen, die mich das mir zunächst Fremde verstehen lehrt.

Die Könige von Juda und der Bildaufbau der Generationenfolge Jesu

In den Astgabeln des zweiten bis fünften Bildes thronen vier Könige von Juda. Das sechste Bild stellt Maria, die Mutter Jesu dar, das siebente den Auferstandenen, das Ziel der ganzen dargestellten Entwicklung.

Diese Form der Darstellung findet sich vom 11. Jahrhundert an in der mittelalterlichen Buchmalerei, dann von der Mitte des 12. Jahrhunderts an in der kirchlichen Monumentalkunst. Das Fenster von Chartres ist eines der ersten Bildwerke dieser Art, eine Inspiration von tiefer Gleichnishaftigkeit.

Die vier Könige sind die Repräsentanten der 42 Vorfahren Jesu von Nazareth, die Matthäus im ersten Kapitel seines Evangeliums aufführt. Diese vier zeigen in ihrem Ausdruck, in ihrer Kopfhaltung und in dem Ernst ihrer Züge, wie würdig sie ihrer Aufgabe sind. Bis in ihre Haltung, bis ihren Blick hinein, bis in die Stellung in der Bilderfolge können sie als Persönlichkeiten empfunden werden, die besondere Fähigkeiten zur Bewältigung von Führungsaufgaben mitbringen.

Sie strahlen die Ruhe derjenigen aus, die in ihre Aufgaben hineingefunden haben und im Begriff sind, diese aus der Kraft ihrer Selbsterkenntnis heraus zu erfüllen – zielgerichtete Menschen, die individuelle Ichhaftigkeit repräsentieren.

Wenn ich vor dem Bild verweile, die konstituierende Kraft der Knoten und des aufstrebenden Wachstums erlebe, die Bewegung, den Rhythmus und die Gebärde der sich öffnenden, sich neigenden, biegsamen Zweige auf mich wirken lasse, sehe ich mich selbst in all dem und erkenne mich erschrocken als denjenigen, der ich werden *möchte,* aber noch nicht bin. Mit jedem Akt der Selbstüberwindung besiegele ich aber meinen Entschluss, ein mich entwickelnder Mensch zu werden.

Das sechste Bild der Jessewurzel

Im sechsten Bild begegnen wir einer zarten, schmalen weiblichen Gestalt mit vor der Brust gefalteten Händen. Es zeigt sie nicht im Prachtgewand, auch nicht mit den Insignien ihrer Würde, nicht gekrönt und nicht königlich gekleidet, sondern in der Gebärde stillen Hinhörens, in einer in Hingabe entwickelten selbstlosen Ergebenheit: Maria, die Mutter des Messias, der in kosmischer Vollmacht als das Ziel allen Erdenseins im Bild über ihr erscheint.

Der Evangelist Lukas berichtet, wie Maria die Worte der Verkündigung aufgenommen hat. In seinem Evangelium heißt es:

> »Siehe, ich bin des Herren Magd.
> Mir geschehe, wie Du gesagt hast.«
> *Lk 1,38*

Abb. 3 Detail aus dem Jessefenster, Maria und Christus

Es ist das Bild des umgekehrten Willens, der sich in Maria verwirklicht. Erst der gewendete Wille ermöglicht die Begegnung mit Christus.

Der umgekehrte Wille in der Darstellung Rudolf Steiners

In seinem Buch *Vom Menschenrätsel* beschreibt Rudolf Steiner, wie der Wille des Menschen zunächst im gewöhnlichen Leben wirkt, wie man sich im Mittelpunkt dessen, was man will oder wünscht, fühlt, wie dieser Wille vom Ich ausströmt und in die Handlungen, die ein Mensch vollbringt, untertaucht.

»Ein Wille in dieser Richtung ist unwirksam für das Erwachen der Seele aus dem gewöhnlichen Bewusstsein. Es gibt aber auch eine Willensrichtung, die in einem gewissen Sinne dieser entgegengesetzt ist. Es ist diejenige, welche wirksam ist, wenn man [...] das eigene Ich zu lenken sucht. In den Bemühungen, die man macht, um sein Denken zu einem sinngemäßen zu gestalten, sein Fühlen zu vervollkommnen, in allen Impulsen der Selbsterziehung äußert sich diese Willensrichtung. In einer allmählichen Steigerung der in dieser Richtung vorhandenen Willenskräfte liegt, was man braucht, um aus dem gewöhnlichen Bewusstsein zu erwachen.«[15]

Es ist eine Willensrichtung, die sich aus der Wahrnehmung des Umfeldes konstituiert, in der die Welt beginnt, im Ich zu wollen. Und dann schildert Rudolf Steiner, wodurch der Mensch, der Erkenntnis der geistigen Welt sucht, Hilfe bekommen kann:

»Eine besondere Hilfe leistet man sich in der Verfolgung dieses Zieles dadurch, dass man mit innigerem Gemütsanteil das Leben in der Natur betrachtet. Man sucht zum Beispiel eine Pflanze so anzuschauen, dass man nicht nur ihre Form in den Gedanken aufnimmt, sondern gewissermaßen mitfühlt das innere Leben, das sich in dem Stängel nach oben streckt, in den Blättern nach der Breite entfaltet, in der Blüte das Innere dem Äußeren öffnet ... In solchem Denken schwingt der Wille leise mit; und er ist dein in Hingabe entwickelter Wille, der die Seele lenkt; der nicht aus ihr den Ursprung nimmt, sondern auf sie seine Wirkung richtet. Man wird naturgemäß zunächst

glauben, dass er seinen Ursprung in der Seele habe. Im Erleben des Vorgangs selbst aber erkennt man, dass durch diese Umkehrung des Willens ein außerseelisches Geistiges von der Seele ergriffen wird.
Wenn ein Wille in dieser Richtung erstarkt ist, und das Gedankenleben in der angedeuteten Art ergreift, so wird in der Tat aus dem Umkreise des gewöhnlichen Bewusstseins ein anderes herausgehoben, das sich zu dem gewöhnlichen verhält wie dieses zu dem Weben in Traumbildern. Und ein solches schauendes Bewusstsein ist in der Lage, die geistige Welt erlebend zu erkennen.«[16]

Ein Beispiel aus Rudolf Steiners Lebensgang

Am Anfang des 22. Kapitels seines Lebensganges bezieht sich Rudolf Steiner auf seinen Bewusstseinsumschwung in seinem 37. Lebensjahr. Am Ende seiner Zeit in Weimar war er 36 Jahre alt. Schon ein Jahr zuvor hatte ein seelischer Umschwung seinen Anfang genommen. Es war für ihn immer selbstverständlich gewesen, die geistige Welt wahrzunehmen. Er konnte aber bis dahin die Eindrücke der Sinneswelt nicht vollinhaltlich mit der Seele verbinden.

Jetzt änderte sich dies. Es erwachte für ihn eine vorher nicht vorhandene Aufmerksamkeit für das sinnlich Wahrnehmbare: Er bekam das Gefühl, die Sinneswelt habe ihm etwas zu enthüllen, was nur sie enthüllen kann. Und er betrachtete es von da an als Ideal, sich der Sinneswelt objektiv gegenüber zu stellen, und sie – frei von allem Persönlichen – wahrzunehmen, wie sie ist.«[17]

»Meine Beobachtungsgabe stellte sich darauf ein, dasjenige ganz objektiv, rein in der Anschauung hinzunehmen, was ein Mensch darlebte. Mit Ängstlichkeit vermied ich, Kritik zu üben an dem, was die Menschen taten, oder Sympathie und Antipathie in meinem Verhältnis zu ihnen geltend zu machen: Ich wollte ›den Menschen, wie er ist, einfach auf mich wirken lassen.‹ Ich fand bald, dass ein solches Beobachten der Welt wahrhaft in die geistige Welt hineinführt.«[18]

Bezogen auf die Bildsprache der Jessewurzel kommt in diesem Beispiel aus *Mein Lebensgang* zum Ausdruck, dass die Seele, die sich des im Ich zentrierten, nach außen wirkenden Wollens enthält und den Willen wendet, wahrhaft in die geistige Welt hineinführt.

Für diesen Augenblick wird die Seele »Maria«, die Mutter des Welten-Ich. Das kann der Betrachter der Bildsprache des sechsten Bildes der Jessewurzel entnehmen.

Friedrich Rittelmeyer beschreibt in seinen Aufzeichnungen zu seiner *Lebensbegegnung mit Rudolf Steiner*, wie er sich selbst als von Rudolf Steiner wahrgenommen erfahren hat. In dieser kleinen Szene wird das oben Beschriebene unvermittelt konkret und zeigt dem Leser auch gerade darin, wie die Umkehrung des Willens nun ihrerseits auf den Angeschauten wirkt:

»Oben in der halb geöffneten Tür stand Rudolf Steiner, der eben einen anderen Gast entlassen hatte, und schaute mir höchst aufmerksam zu, wie ich langsam die Treppe heraufstieg. Ich habe nie einen Menschen so aufmerksam beobachten sehen, wie er es konnte. Es war, als ob er – ganz unbeweglich, aber selbstlos hingegeben – den anderen sich selbst gleichsam noch einmal erschaffen ließe, in einem feinen Element der eigenen Seele, das er ihm zu diesem Zweck darbot. Es war kein Nachdenken über den anderen, sondern mehr ein inneres geistiges Nachbilden, in dem das ganze Werden des anderen offenbar werden konnte.«[19]

Wir blicken durch Rittelmeyers sensible Beschreibung auf den Vorgang, der uns im Lebensgang in einer mehr allgemeinen Form vor die Seele gestellt ist. In dieser Beschreibung offenbart uns Rittelmeyer, was dieses erkennende Gewahrwerden in ihm selbst, dem Wahrgenommenen, bewirkt hat, wie er sich in seinem Wesen durch Rudolf Steiners Blick erkannt gefühlt, ja schöpferisch hervorgebracht empfunden hat.

Vom Gegenstrom der Zeit

In der Darstellung der Jessewurzel wird das Zugehen des Menschen auf Christus hin beschrieben. Dieser menschheitliche Weg schließt zunächst an das Alte Testament an.

Von unserer Zeit an wird aber dem Menschen die Erfahrung des Christus im Ätherischen möglich. Darüber hat sich Rudolf Steiner vielfach geäußert. Diese Erfahrung geht nur aus der Umkehrung des Willens hervor. In der Jessewurzel finden wir sie dargestellt: Es ist, wie wir gesehen haben, der Weg des umgekehrten Willens.

Diesen Weg finden wir in den Gebärden der Äste und Zweige beschrieben, wenn wir nicht mehr ihr Herauf-Wachsen, ihr dem Weltenziel Entgegen-Wachsen ins Auge fassen, sondern ihre sich öffnende Gebärde, durch die sich ermöglicht, dass jetzt von oben her, von Christus aus, sich das Zukünftige in die ihm entgegengetragene Seele hereinsenken kann. Das ist der Weg, der sich an das Neue Testament anschließt. In der Seele des Christian Rosenkreutz ist er an der Wende des Mittelalters zur Neuzeit hin Wirklichkeit geworden.

Im Bildwerk der Jessewurzel finden wir diese beiden Wege dargestellt. Wer sich in die Darstellung vertieft und in ihr zu lesen lernt, wacht dafür auf, dass es sich hier um ein Bild einer Inspiration des Rosenkreuz-Impulses von zeitloser Gültigkeit handelt, zu dem jede Seele den Zugang finden kann, die sich um diesen Zugang bemüht.

Die Propheten

Im Bildnis der Jessewurzel begleiten die Propheten von der rechten und linken Bildseite aus das Wachstums- und Entwicklungsgeschehen im Zentrum. Sie sind an die Außenbögen der Einzelbilder gestellt und bilden nach außen eine Grenze. Bis auf die beiden Propheten, die ihren Platz rechts und links neben dem Auferstandenen haben, schauen alle auf das Geschehen in ihrem jeweiligen Bild. Die beiden oberen schauen zum Antlitz Christi auf.

Die Propheten drängen sich nicht ins Bewusstsein. Es vergeht eine Weile, bis sie einem ins Auge fallen. Aber sie sind da, gehören zum Ganzen und öffnen dem Betrachter den Blick. Sie vervollständigen die Einzelbilder, sind aber nicht in den aufstrebenden Entwicklungsstrom einbezogen.

Dabei ergibt sich für den Betrachter die Merkwürdigkeit, dass sie plötzlich aus ihrer Anonymität heraustreten und eine eigene Sprache zu sprechen beginnen. Sie bilden eine bergende Hülle der Hingabe und der Aufmerksamkeit. Man schaut von rechts nach links, von links nach rechts und findet jeweils in der Mitte zu einem Augenblick des Innehaltens.

Was spricht sich darin aus? Die Bildmitte in der Gebärde ihres Aufsteigens und sich nach den Seiten hin Entfaltens bedarf einer Kraft, durch die das Gleichgewicht in der Achse gehalten wird. In das Seelengleichgewicht hinein senkt sich der von oben kommende Strom.

Diese Tatsache des Gleichgewicht-Haltens ist nicht etwas, das in dem Vorgang sein Ziel und damit seine Abgeschlossenheit erreicht, sondern etwas, das sich in jedem Augenblick der Zuwendung neu hervorbringen muss. Beide Gebärden sind deutlich zu erfahren. Beide sprechen davon, dass das Welten-Ich sich langsam in die Erdenverhältnisse hineinsenkt.

Es sind Propheten, die das Ganze begleiten. Das heißt: Auf der einen Seite repräsentieren sie das Bewusstsein, dass sich ihre Prophetie verwirklicht. Auf der anderen richtet sich aber die Prophetie in die Zukunft. Das ist der Vorgriff des Ahnens, das jede Inkarnation begleiten muss, wenn sie sich in den Gang der Menschheitsentwicklung eingliedern will, eine Mitgift aus der Reife des prophetischen Bewusstseins heraus.

Über viele Jahre hinweg habe ich dies auch in der Arbeit als Lehrerin wahrnehmen dürfen: Wenn Eltern und Lehrer diese Art des ahnenden Schauens für ihre Kinder aufbringen, bildet sich eine Bildhülle, in die hinein sich das Kind inkarnieren kann. Es findet das Bild der eigenen Entwicklung als eine Art kosmischen Bildentwurfs vorgebildet, auf den sich die eigenen Schritte der Entwicklung dann beziehen können, ohne durch verfremdende Vorgaben festgelegt zu sein.

In unserem Fenster geschieht die aufmerksame Begleitung der Menschwerdung Christi durch jeweils zwei Propheten. Wenn man sich dem Bildeindruck überlässt, erlebt man eine geheimnisvolle, jedem Inkarnationsgeschehen eingewobene Gebärde der Ich-Werdung. Sie ermöglicht, dass sich im Heranwachsen Selbstbewusstsein ausbildet; denn die begleitende Gebärde der Propheten lebt in einem Doppelelement, das jeder Mensch gut von sich selber kennt. Wir können es als Bejahung und Verneinung, als ein Dafür und ein Dagegen begreifen, das jedem Urteil, jedem Entscheidungsprozess eines Menschen zugrunde liegt. Und wir erhalten dadurch die Möglichkeit, zum eigenen Selbstbewusstsein zu erwachen, zum eigenen Ich, zum ICH BIN.

Damit leistet die Darstellung der Propheten im Bildwerk der Jessewurzel ihrerseits ihren Beitrag zum Verständnis des Gesamtbildes: Die Jessewurzel ist Bild des werdenden Menschen, der vom Ich-Werde aufsteigt durch all die im Bild dargestellten Prozesse hindurch zum Ich-Bin – Bild des sich entwickelnden Menschen, der in Christus sein Urbild und sein Ziel findet.

»Im geistigen Nachlass des Christian Rosenkreutz, von dessen Auffinden die ersten Rosenkreuzer in der *Fama Fraternitatis* berichten, stießen sie auf den Hinweis, dass er in der Gestalt des Jesus von Nazareth den Inbegriff sei-

> ner Menschen- und Welterkenntnis gesehen habe. Er sagt: *Jesus mihi omnia.* übersetzt etwa - In Jesus ist für mich alles enthalten, was ich gesucht habe.«[20]

Damit offenbart sich dem Betrachter der Jessewurzel, dass er in ihr ein Bild seines Strebens, ein Bild seines eigenen Werdens zu erblicken hat. Dass er sich in den Schritten seines Strebens, seines Werdens und seines Wollens der Begleitung des Christian Rosenkreutz anvertrauen kann.

4 Der Wirbel, eines der geheimen Zeichen der Rosenkreuzer

Zur Praxis rosenkreuzerischer Erkenntnismethoden

In diesem Kapitel soll der Versuch unternommen werden, den Leser näher mit dem vertraut zu machen, was man rosenkreuzerische Erkenntnismethoden nennt. Diese Methoden beziehen sich auf die Erkenntnis der Natur und des Sozialen sowie auf die in den Erscheinungen verborgene geistige Realität.

Mit dem Beginn der Neuzeit, dem Aufkommen des Bewusstseinsseelenzeitalters, zog ab der Mitte des 15. Jahrhunderts in der Menschheit die äußere Naturerkenntnis herauf. Die damalige Erkenntnis der Natur, ihrer Erscheinungen und Gesetzlichkeiten stützte sich allein auf die Sinneswahrnehmung und setzte den Verstand ein, um sich über die gewonnenen Beobachtungen und Wahrnehmungen eine Erkenntnis der Naturtatsachen zu erobern.

Die Rosenkreuzer spielten zur Zeit ihres ersten Auftretens für die Ausbildung eines naturwissenschaftlichen Erkenntnisansatzes eine wegweisende Rolle. Denn sie bezogen sich in ihren Erkenntnisbemühungen auf drei Aspekte:

1. die Wahrnehmung,
2. die Beobachtung des Wahrnehmbaren und
3. das Experiment.

Darüber hinaus hatten sie aber auch ein deutliches Bewusstsein davon, dass die Voraussetzung einer wahren, wirklichkeitsgemäßen Erkenntnis der Sinneswelt von der inneren Arbeit *des Erkennenden an sich selbst*, der Arbeit an seiner eigenen Entwicklung abhängt. In den alchemistischen Bestrebungen der Rosenkreuzer wurde dieser Erkenntnisansatz ausgebildet und gepflegt, um zu einem allmählichen Gewahrwerden des in der Sinneswahrnehmung verborgenen wahren Wesens der Erscheinungswelt zu kommen.

Dieses Bewusstsein lebte in den Rosenkreuzern der beginnenden Neuzeit aufgrund der Unterweisungen, die sie in den frühen Rosenkreuzergemeinschaften durch Christian Rosenkreutz selbst erhalten hatten: Die wahre Wirklichkeit kann erst von einem Menschen erkannt werden, der in sich selbst die Fähigkeit zu einer wirklichkeitsgemäßen, dem übersinnlichen Erkennen zugeneigten Wahrnehmung ausgebildet hat.

Die Frage ist zu stellen, wie die Rosenkreuzer im Gegensatz zu den sich damals ausbreitenden Erkenntnismethoden, die sich gänzlich auf die Sinneswahrnehmung und den erklärenden Verstand bezogen, zu ihrer eigenen Erkenntnisgewissheit gelangen konnten. Was vermittelte ihnen das Gefühl der Erkenntnissicherheit, das heißt: der objektiven Wahrheit im sinnlichen Erscheinungszusammenhang auf die Spur gekommen zu sein? Auf die Spur dieser Art des Erkennens kann einen heute das Zeichen des Wirbels führen.

Das Zeichen des Wirbels

Rudolf Steiner bezeichnet den Wirbel als eines der geheimen Zeichen der Rosenkreuzer.

> »Es gibt hunderte, tausende dieser Zeichen, die man nach und nach lernt. Das sind nicht willkürliche Zeichen. Wenn man sie kennt, zeigen sie einem die Wege, um hineinzukriechen in die Dinge und in den Dingen zu leben.«[21]

Der Wirbel ist eine aus zwei Linien bestehende Figur, eine einwickelnde und eine auswickelnde Spirale. Die erste setzt außen im Umfeld der Figur an und rollt sich spiralig gegen die Mitte zu ein. Dort endet sie. Die andere Linie beginnt in der Mitte der Figur, dort wo die erste endet, und führt, ohne die erste zu berühren, spiralig sich nach außen auswickelnd. Zwischen den beiden, dem Ende der ersten Linie und dem Anfang der zweiten, herrscht Leere, das Nichts.

Abb. 4 Der Wirbel

Die rosenkreuzerische Methode bezieht sich auf die Erkenntnis der Welt des Übersinnlichen. Das »Hineinkriechen« ermöglicht dem Erkennenden eine Wesenserkenntnis, eine Intuition. Rudolf Steiner verwendet den Begriff des »Hineinkriechens« an vielen Stellen seiner Vorträge. In dem Zyklus *Theosophie des Rosenkreuzers* bezeichnet er die wahre Intuition als »ein Aufgehen, ein Hineinkriechen in die Wesen, so dass man die Wesen vom Innern aus erkennt.«[22]

Zunächst kann einen dieser Begriff befremden. Aber wer sich an seine eigene Kindheit erinnert, bei dem tauchen dazu die entsprechenden Bilder wieder auf: Damals haben wir das Hineinkriechen gekonnt, getrieben von einer Art ängstlichen und vorsichtigen Erkundungstriebes, der uns veranlasste, herumzukriechen in Büschen und Böschungen, verlassenen Gängen oder altem Gemäuer. Oder es ist so, als näherte man sich dem Ufersaum eines Gewässers. Man kann es dabei bewenden lassen, das Wasser liegen zu sehen, das Spiel des Windes auf seiner Oberfläche zu beobachten und seine Strömung zu bemerken. Man kann aber auch in das Wasser hineinsteigen. Dann erfährt man Eindrücke anderer Art: Seine Temperatur und ihren Unterschied zur eigenen Körperwärme, man erfährt die Strömung und die Geschwindigkeit des Wassers, hört das Glucksen und Rieseln, wird durchnässt, riecht den Duft des Wasserlebens und bemerkt unmittelbar, wie es einen erfrischt. Eine Reihe von Qualitäten begegnet einem beim Hineinsteigen, und es würde einem nicht einfallen, der Frage nach Messbarkeit, Kontrollierbarkeit und Wiederholbarkeit der Erfahrungen nachzugehen. Man wurde ja in einer ganz unmittelbaren Weise direkt belehrt, braucht nichts zu hinterfragen und hat Teil an dem, was einem im Wasser begegnet ist.

Um so einen Vorgang handelt sich im Prinzip bei etwas wie dem Hineinkriechen: darum, sich von sich aus, ohne zu wissen, wie die Sache ausgeht, auf die Begegnung mit etwas Unbekanntem einzulassen, allein deshalb, weil sie Neues verspricht.

Das Einzige, was aufgebracht werden muss, ist eine Art initiativen Forschergeistes. Nicht Bestätigung des schon Gewussten, in anderem Zusammenhang schon Eroberten wird gesucht, sondern allein das, was das Hineinkriechen für einen bereithält: das mögliche Neue. Nichts Anderes beseelt ein Kind dabei, als der Wunsch, kennenzulernen, was ihm begegnet.

»In den Dingen leben«

Goethe äußert sich Eckermann gegenüber am 13.2.1829:

> »Die Gottheit aber ist wirksam im Lebendigen, aber nicht im Toten; sie ist im Werdenden und sich Verwandelnden, nicht aber im Gewordenen und Erstarrten.«[23]

Beim Hineinkriechen in die Dinge ertaste ich etwas von der Eigenart dessen, was außer mir liegt und mache die Erfahrung der Begegnung mit einem mir fremden Wesen. Ich wende mich ihm zu. Das ist ein Zug der im »Jessefenster« angesprochenen Umkehrung des Willens. Das, was mir begegnet, beginnt sich mir in der ihm eigenen Qualität mitzuteilen. Es ist die Begegnung mit fremdem Wesen, das innerhalb der Begegnung übergeht in mein Erkennen – und dabei Teil meines Innern wird.

Dabei stellt sich ein, dass ich anfange, in dem mir zunächst Fremden aufzuleben. Aufleben im Werdenden, sich mir Mitteilenden: Das ist die Überwindung des Zuschauerbewusstseins. Ich *werde* das Fremde, solange ich es fühlen kann. Goethe bezieht sich auf so ein Vorgehen, das wir heute rosenkreuzerisches Vorgehen nennen müssen, mit den Worten:

> »Es gibt eine zarte Empirie, die sich mit dem Gegenstand innigst identisch macht.«[24]

Novalis spricht in seiner Art von etwas Verwandtem:

> »Verwandlung des Fremden in Eigenes, Zueignung, ist das unaufhörliche Geschäft des Geistes.«[25]

Die Brücke, die einem hilft, in das Fremde hineinzukommen, ist das Fühlen. Durch diese, dem Menschen eingeborene Fähigkeit, wird etwas Äußeres, das dem Leben außerhalb meiner selbst innewohnt, zu etwas, das sich meiner eigenen Wahrnehmung erschließt und sich mit meiner Existenz verbindet. Viele halten das Fühlen für bemitleidenswert subjektiv. Und ja, es *ist* subjektiv, denn ich bin es, der die Sache fühlt, und sie hat zu tun mit meiner individuellen Existenz. Aber daran ist nichts Bemitleidenswertes: Wir kommen in eine unmittelbar gefühlte Verbindung mit der Sache. Ich komme mit ihr in einen Lebenszusammenhang, sie spricht sich in mir aus. Das geht nicht aus mir hervor, sondern teilt sich mir mit als etwas außer mir liegendes Geistiges, das jetzt in den Bereich meiner Wahrnehmung rückt.

Das Hineinkriechen führt zu dieser Erfahrung, zum Gewahrwerden fremder Entfaltung. Aber es gibt keinen Weg, der unmittelbar als Sinneserfahrung dieses Gewahrwerden ermöglicht.

Die einwickelnde Linie des Wirbels führt zu einem immer genaueren Kennenlernen der Welt, die den Sinnen zugänglich ist. Um zur übersinnlichen Wahrnehmung des in den Dingen anwesenden Geistigen zu kommen, muss der Wille gewendet werden.

Damit gelangt der Mensch, der diesen Weg geht, an den Ausgangspunkt der zweiten Linie. Das ist ein Sprung über den Abgrund hinweg. Jetzt gelten nicht mehr die bisherigen Sicherheiten und Gesetze der nur äußeren Wahrnehmung. Das verunsichert.

Aber es ist der Weg, welcher der Zukunft entgegenführt: Die gewendete Aufmerksamkeit, die Umkehrung des Willens und das Hineinkriechen in die Dinge führen zu einem Leben *in den Dingen*. Unerwartetes, Neues tritt uns entgegen in der Natur, im sozialen Leben, in Wissenschaft und Kunst, in den Inhalten und Formen des religiösen Lebens, im anderen Menschen, in allen Erscheinungen der uns umgebenden Welt.

Der Wirbel führt den Menschen, der seiner Spur folgt, in die konkrete Erfahrung des Entgegenkommenden, das ist: in die Erfahrung des Übersinnlichen.

Das Zeichen des Wirbels und das Tierkreisbild des Krebses

Die Sternkundigen kennen den Wirbel als das Zeichen für das Sternbild des Krebses. Im Tierkreis ist der Krebs eines der zwölf großen kosmischen Sternbilder. Zwischen den beiden auffälligen Bildern, den Zwillingen und dem Löwen, finden sich fünf relativ weit auseinanderliegende Einzelsterne,

Abb. 5 Das Tierkreisbild des Krebses

die sich einem nicht unmittelbar als ein zusammengehöriges Ganzes zeigen. Sie gehören zum Tierkreisbild des Krebses.

Durch die Mitte dieses Sternbildes führt die dem Auge unsichtbare Bahn des jährlichen Sonnenlaufs hindurch, die Ekliptik. Wo sie die beiden nächststehenden Sterne in der Mitte des Sternbildes kreuzt, lässt sich ein heller Fleck erkennen, der sich ausnimmt wie ein Nebelfleck und der im Fernglas als undeutlicher Sternenhaufen sichtbar wird. Über diesen Nebelfleck schreibt Wolfgang Held:

> »In der spätrömischen Mithrasreligion bestand die Vorstellung, dass die sich inkarnierende Seele durch den Tierkreis zieht und eben in diesem Zentrum des Krebses in die Zeitlichkeit eintritt. Deshalb heißt noch heute dieser Sternenhaufen ›Praesepe‹, die Krippe.«[26]

Das Sternbild des Krebses ist das kosmische Bild des Wirbels, der Wendung eines Menschen aus sich selbst heraus, einer Zukunft entgegen, die sich aus dieser Wendung speist, ohne selbst schon sichtbar zu werden. Indem die sich inkarnierende Seele durch diese Fixsternregion zieht, wendet sie sich dahin, die Bedingungen einer neuen Inkarnation auf sich zu nehmen.

In eine Krippe wurde der Heiland der Welt nach seiner Geburt gelegt. Christus trat in der Zeitenwende als das Welten-Geistes-Licht in den irdischen Wesensstrom. Damit wendete er das Schicksal der Erdenmenschheit und gab dem Menschen die Möglichkeit, sich ihm in Freiheit anzuschließen.

Das Zentrum des Krebses, wo sich jährlich die Sonne wendet, und die Krippe im Stall von Bethlehem werden zum Bild der neuen Zuwendungsmöglichkeit des Menschen zum Geistigen im Weltall. Damit kann auch das Geistige im Weltall wieder Interesse an der Entwicklung der Erdenmenschheit bekommen.

Im persönlichen Erdenleben entspringt der Keim einer Wendung im Punkt der Freiheit. Diese kann nur im innersten Ichpunkt der Seele, im Punkt, in dem der Tod zur Auferstehung möglich wird, gefunden werden. Das ist im individuellen Freiwerden von allen äußeren Bedingungen, die sonst für das Leben und Weiterleben maßgebend sind. Davon spricht das Bild des Wirbels.

Im Wiedereintritt der Menschenseele in ihre neue Inkarnation verwirklicht sich das kosmische Zeichen des Krebses bei der sich inkarnierenden Seele und wird zu dem Bild, das die Zukunft des individuellen Menschen zu tragen verspricht.

Der Durchgang durch die Leere im Zentrum des Wirbels

In der individuellen Biografie entringt sich der Impuls, aktiv auf eine Wendung zuzugehen, oft erst den unausweichlichen Lebens- und Schicksalsverhältnissen, in die sich der Mensch plötzlich gestellt sieht und die ihm vor Augen führen, dass der bisherige Weg nicht weiterführt, sondern unwiderruflich an sein Ende gekommen ist.

In diesem Augenblick trägt ihn nichts mehr vom Bisherigen. Da kommt er ganz im eigenen Ich an: Die Welt wird ihm lichtlos und kalt. Trost gibt es an dieser Stelle keinen, und nichts kann ihn zum nächsten Schritt veranlassen als nur er selbst. Es ist der Augenblick der Prüfung.

Erlebt wird dieser Augenblick als ein Stehen vor dem Nichts, als die Erfahrung der völligen Ausweglosigkeit, als Angriff auf das Ich und als dessen höchste Gefährdung, als Augenblick tiefster Licht- und Orientierungslosigkeit.

Das ist heute eine Erfahrung, die von sehr vielen Menschen durchlebt wird. Aber wie sie sich konkret im Leben eines Einzelnen als Lebensvorgang abspielt, welche äußeren und inneren Umstände sie begleiten, welche Schritte durchzumachen sind und wie der Vorgang innerlich erlebt wird, hat nichts Allgemeines, sondern ist ein individuelles Geschehen und in seinem Verlauf abhängig davon, wie sich der Mensch zu dem stellt, was ihm widerfährt.

In jedem Fall zeigt sich in dem Verlauf das Ende des bisherigen Weges und der bisherigen Entwicklung. Es ist das Ende der sich einwickelnden Spirale im rosenkreuzerischen Wirbel, das Ende der ersten Linie.

Wie der Einzelne diese Situation in seinem Leben besteht, ist offen: Es kann sein, dass an dieser Stelle der Biografie eines Menschen der Zusammenbruch erfolgt, der nicht zu überwinden ist, und darin mündet, dass der Tod gesucht wird.

Es kann aber auch sein, dass die Erfahrung zu unerwartet

Neuem führt und die Tore zum Übersinnlichen öffnet, zu Licht und Wärme, die jetzt beginnen, von außen auf den Menschen zuzukommen und in seinen Kerker einzudringen. In diesem Fall kann das Erlebte zu einer unvergleichlichen Erkraftung des Ich führen. Christian Rosenkreutz ist der Führer des Menschen durch diese individuelle biografische Erfahrung hindurch.

Als menschheitliche Gegebenheit finden wir einen solchen Wandel in den sozialen Verhältnissen der Zeit um die Wende des 19. zum 20. Jahrhundert. Von Rudolf Steiner wird sie als der unbewusste Schwellenübergang der Menschheit am Ende des 19. Jahrhunderts beschrieben.

Christian Rosenkreutz führt den Menschen durch die Erschütterungen und Prüfungen der Gegenwart hindurch zur Christus-Erfahrung im Ätherischen. Diese Erfahrung führt durch den Tod, durch die Vernichtung aller den Menschen selbst betreffenden Illusionen. Rudolf Steiner lehrt uns, diese Erfahrungen zu verstehen, um sie dem Fortgange des eigenen Lebens als Möglichkeit einzupflanzen, das Heilsame, Werdende, Zukünftige fortan nicht mehr aus dem Auge zu verlieren. Wer sie durchgemacht hat, fühlt sich durch Christian Rosenkreutz begleitet; denn er hat diese Erfahrung selbst gemacht. Seit dem ersten Drittel des vorigen Jahrhunderts können Erfahrungen der geschilderten Art, die von Erlebnissen der völligen Ausweglosigkeit begleitet sind, zur Erfahrung des Christus im Ätherischen führen.

5 Die Einstiftung des Initiationsprinzips in die Zivilisation des 20. Jahrhunderts

Zur inneren Situation der Zeit um Neunzehnhundert

An der Wende des 19. zum 20. Jahrhundert hat sich der Durchgang durch die Leere des Wirbelzentrums auch menschheitlich als unbewusster Schwellenübergang vollzogen. Die Künstler der damaligen Zeit fingen an, aus Impulsen dieser damals noch nicht allgemein bewusst gewordenen Tatsache zu arbeiten. In diesen Jahren begann die Geisteswissenschaft Rudolf Steiners ins Leben zu treten und öffentlich wirksam zu werden.

Diese Entwicklung lässt sich über die damaligen Zeitereignisse ebenso wie über den dokumentierten Anfang der öffentlichen Wirksamkeit Steiners verfolgen. An dieser Stelle soll davon Einiges skizziert werden, das seinen Niederschlag in Äußerungen von Künstlern des Blauen Reiter gefunden hat. Die Aussagen sind im Wesentlichen dem Dokumentationsband *Der Blaue Reiter* entnommen.[27]

So klagt Kandinsky am Beginn dieser Zeit:

> »Das Verhüllen des Geistes in der Materie ist oft so dicht, dass es im allgemeinen wenig Menschen gibt, die den Geist hindurch sehen können.«[28]

Er deutet damit an, dass die Leere im Zentrum des Wirbels geahnt und empfunden, aber noch nicht genügend erkannt und voll bewusst durchschritten werden konnte. Den Schluss des 19. Jahrhunderts und den Anfang des 20. hält Kandinsky für den Beginn einer der größten Epochen des geistigen Lebens der Menschheit.[29]

Mit Blick auf die Zukunft äußert er sich aber pessimistisch: »Die donnernden Merkmale der großen Zeit werden auf eine fast unerklärliche Weise überhört. So ist die Zeit für das Hören und Sehen noch nicht reif.«[30] Franz Marc kommt zu derselben Erkenntnis und fordert, dass die Erneuerung nicht formal sein darf, sondern eine Neugeburt des Denkens sei.[31]

August Macke, der dritte Künstler des Blauen Reiters, gelangt auf seine Art gleichfalls zu diesen Einsichten. Er wendet sich dabei aber an die der Sinneswahrnehmung zugängliche Form und bemüht sich darum, sich dieser Tatsache voll bewusst zu werden:

> »Die Form ist uns Geheimnis, weil sie Ausdruck von geheimnisvollen Kräften ist. Nur durch sie ahnen wir die geheimen Kräfte, den ›unsichtbaren Gott‹.«[32]

Er kommt über das ahnungsvolle innere Nachbilden der Formen zum Horchen und Hinhören auf das, was in ihnen zu Ausdruck kommt: »Die Sprache der Formen verstehen heißt: dem Geheimnis näher zu sein, leben.«

Verstehen aber lernt man die Sprache der Formen erst, wenn man der Sinneswahrnehmung nicht einen fertigen Begriff entgegenträgt, sondern sich auf sie fühlend einlässt, ihre Gebärde nachbildet. Dann bringt man sie in sich hervor.

Franz Marc war sich des Stehens an der Schwelle zum Geistigen offenbar bewusst. Er erkannte, dass das Überschreiten dieser Schwelle an Seelenkraft gebunden ist, welche aber individuell aufgebracht werden muss:

> »Wie bewundern wir die Jünger des ersten Christentums, dass sie die Kraft zur inneren Stille fanden im tosenden Lärm jener Zeit. Um diese Stille flehen wir stündlich und streben nach ihr.«[33]

Kandinsky schließlich gelangt zu einer Einsicht, die ihn in konkrete Nähe zu Rudolf Steiner rückt:

> »Die Kunst kann nur dann groß sein, wenn sie in direkter Verbindung mit kosmischen Gesetzen steht und sich ihnen unterordnet. Diese Gesetze fühlt man unbewusst, wenn man sich nicht äußerlich der Natur nähert, sondern – innerlich – man muss die Natur nicht nur sehen, sondern erleben können.«[34]

Das war die Bewusstseinssituation an der Schwelle zwischen dem 19. und 20. Jahrhundert. Um auf kosmische Gesetze zu stoßen und zu ihnen die Verbindung herzustellen, muss die Schwelle zum Geistigen überschritten werden. Rudolf Steiner knüpft an diese Ausgangssituation des damaligen kulturellen Lebens an und sagt dazu in den *Leitsätzen*:

> »Es eröffnet sich an dieser Grenze der Sinnesanschauung durch die menschliche Seele selbst der Ausblick in die geistige Welt.«[35]

Von den Anfängen der Anthroposophie

Rudolf Steiner nimmt 1897 seine Arbeit in Berlin auf und lebt dort als freier Schriftsteller, Vortragender, Redakteur und Lehrer an der Arbeiterbildungsschule, umfassend eingebunden und beansprucht in den vielfältigen Tätigkeiten innerhalb der damaligen Berliner kulturellen Zusammenhänge.

Anfang des Jahrhunderts kommt Marie von Sivers nach Berlin. Sie begegnet Rudolf Steiner erstmals im November 1900 in der theosophischen Bibliothek und wird seine Mitarbeiterin. Über die Zusammenarbeit mit ihr äußert sich Rudolf Steiner in *Mein Lebensgang*:

> »Marie von Sivers und ich wurden bald tief befreundet. Und auf der Grundlage dieser Freundschaft entfaltete sich ein Zusammenarbeiten auf den verschiedensten geistigen Gebieten im weitesten Umkreis. [...] In diesem gemeinsam gepflegten geistigen Leben konnte allein der Mittelpunkt liegen, von dem aus Anthroposophie zunächst im Rahmen der Theosophischen Gesellschaft in die Welt getragen wurde.«[36]

Marie von Sivers erlebte damals, wie Rudolf Steiner gedrängt wurde, der Theosophischen Gesellschaft beizutreten und wie er darauf antwortete, dass es unmöglich sei, weil er einen großen Unterschied zwischen morgenländischer und abendländischer Mystik mache.[37] Ein Jahr später stellte Marie von Sivers ihm die Frage, ob es nicht notwendig sei, eine geistige Bewegung in Europa unter Berücksichtigung des Christentums ins Leben zu rufen. Über die Bedeutung dieser Frage äußerte Rudolf Steiner später:

»Damit war mir die Möglichkeit gegeben, dort in dem Sinne zu wirken, der mir vorschwebte. Die Frage war mir gestellt und ich konnte, nach den geistigen Gesetzen, beginnen, auf eine solche Frage die Antwort zu geben.«[38]

Als das Ziel seines Wirkens schreibt er 1902 in einem Brief an den Rechtsanwalt Wilhelm von Hübbe-Schleyden: »Ich will auf die Kraft bauen, die es mir ermöglicht, Geistesschüler auf die Bahn der Entwickelung zu bringen. Das wird meine Inaugurationstat allein bedeuten müssen.«[39] Unter dieser Vorgabe begann 1900 seine erste esoterische Lehrtätigkeit und öffnete damit dem Strom des modernen Mysterienwissens das Tor in die Zivilisation.

Die Aufgabe des modernen Initiierten ist es, die spirituellen Erkenntnisse herunterzuholen von geistigen Planen und sie öffentlich, das heißt jedem Menschen zugänglich, darzustellen. Auf die Frage, wie diese Erkenntnisse im Leben ihre Wirksamkeit entfalten können, gab der Internationale Theosophische Kongress, der in der Pfingstzeit 1907 in München stattfand, die Antwort, die der Bewusstseinssituation der Gegenwart angemessen ist.

Der Internationale Theosophische Kongress 1907

Den Ausgangspunkt zur Einrichtung des Theosophischen Kongresses bildete die Frage von Marie von Sivers. Damit folgte Rudolf Steiner einem Gesetz der Geistigen Welt, das sich auf das Tätigwerden des Eingeweihten aus seiner Initiationserkenntnis heraus bezieht: Der Eingeweihte darf nicht aufgrund seines Initiationswissens von sich aus in die

Entwicklungen eingreifen. Ihm bleiben die Hände so lange gebunden, bis ihm eine Frage gestellt wird, auf die er dann aus seiner Initiationserkenntnis heraus Antwort geben kann.

Marie von Sivers hatte ihre Frage aus dem Gewahrwerden der kulturellen Situation Mitteleuropas am Beginn des 20. Jahrhunderts heraus gestellt. Auf diese Frage hin konnte Rudolf Steiner beginnen, die Antwort zu geben. Die jeweilige Frage für die einzelnen Lebensgebiete musste aber für jedes der Gebiete neu gestellt und formuliert werden.

Der Kongress wurde von Rudolf Steiner ausgerichtet und unter künstlerischen Gesichtspunkten gestaltet. Diese Tatsache gab der gesamten Entwicklung der Anthroposophie im Kulturleben des 20. und 21. Jahrhunderts die Ausrichtung. Zum Charakter des Theosophischen Kongresses 1907 schreibt Rudolf Gädeke:

> »Das Jahr 1907 bezeichnet einen ersten Abschnitt in der Verselbstständigung, Konsolidierung und Verlebendigung der Anthroposophie als Methode (Schulungsweg) und Geistinhalt. Dies wird besonders deutlich im Pfingstkongress in München, in dem sie sich als fruchtbarer Grund für eine Erneuerung aller Künste erweist, ihr wissenschaftlicher Kern immer deutlicher Gestalt annimmt und der Beginn einer Hochschule für Geisteswissenschaft sichtbar wird.«[40]

Hella Wiesberger ist es zu danken, dass sie in besonderer Weise auf eine Tatsache aufmerksam gemacht hat, die uns heute das Neue, Zukunftsvolle und Zivilisationswirksame des Kongresses vor Augen rückt:

»Vor Rudolf Steiners Wirken waren die seriösen Wege in die übersinnlichen Welten an Geheimhaltung und strenge persönliche Führerschaft gebunden. Er hat als Erster den Weg zu modernem autoritätsfreien Geisterkennen gebahnt. Um diesen Weg auch für die Menschheit im Ganzen zu eröffnen, wurden die Ergebnisse seiner Geistesforschung stets verbunden mit den Darstellungen der Methode, durch die sie gewonnen worden sind.«[41]

Rudolf Steiner selbst sagte dazu in einem Vortrag aus dem Jahr 1920:

»Man kann dasjenige, was jetzt Anthroposophie genannt wird, unterscheiden nach zwei Richtungen hin. Das eine ist die Art des Vorstellens, die Art des Suchens, des Forschens. Das andere ist das Inhaltliche, sind die Ergebnisse dieser Forschung, soweit sie bis heute haben ausgebildet werden können.«[42]

Nach diesen beiden Richtungen hin wurde der Theosophische Kongress ausgerichtet. In der Ankündigung der Vortragsreihe »Theosophie des Rosenkreuzers« spricht Rudolf Steiner beide Motive an: die rosenkreuzerische Methode und auch die Weisheit, auf die er sich im ersten Vortrag bezieht. Damit wird deutlich, dass er beide Gruppen von Menschen ansprechen wollte, die sich in der theosophischen, bzw. der späteren anthroposophischen Gesellschaft zusammengefunden hatten.

Rudolf Steiner kommt es beim Theosophischen Kongress einerseits auf die Anknüpfung an den bisherigen Strom des Eingeweihtenwissens an, den Strom der spirituellen Erkenntnis. Das ist, was in der Ankündigung des gesamten Zyklus angesprochen wird als die uralte immer neue Weisheit, die er später mit dem Begriff Geheimwissenschaft umfasst und als Rosenkreuzerweisheit anspricht.

Die rosenkreuzerische Methode hingegen ist im Kern eine künstlerische, durch die sich der Mensch, der sie anwendet, in die Lage versetzt, die mitgeteilten Inhalte als geistige Wahrheit zu erfahren. »Für lange Jahrhunderte in die Zukunft hinein werden die rosenkreuzerischen Methoden die richtigen Methoden der Einweihung in das geistige Leben sein.«[43] Die Anthroposophie vermittelt sich durch Ideen in der künstlerischen Sprache Rudolf Steiners. Wer sich auf sie einlässt, sich in sie vertieft, der grammatikalischen Strukturen und den Satzbildungen nachspürt, die Wort- und Lautgebärden auf sich wirken lässt, dem erschließen sich die Inhalte auf eine neue Weise. Er erlebt dabei, dass er beginnt, in dem Mitgeteilten zu leben.

Virginia Sease äußert zur 100. Wiederkehr des Theosophischen Kongresses:

> »Der Kongress 1907 in München beweist sich von vielen Seiten her als ein Wendepunkt in der Entwicklung der Anthroposophie in ihren allgemein-menschlichen Dimensionen, ob geisteswissenschaftlich, künstlerisch oder sozial betrachtet. Durch alle Ereignisse strahlt, wie im Keim, Rudolf Steiners christlich-rosenkreuzerischer Impuls durch. Eine neue Kultur konnte beginnen, die den Boden für eine sich entwickelnde Kultur im Zeitalter Michaels darbietet.«[44]

Rosenkreuzerische Methode

In der Gegenwart verlangt die rosenkreuzerische Schulung vom Schüler besonders ein ausgebildetes Denken.[45] Dazu sind die *Philosophie der Freiheit* und *Wahrheit und Wissenschaft* geschrieben worden. Diese beiden Bücher lenken den Blick auf die inhaltlichen Ergebnisse der rosenkreuzerischen Geistesforschung. Sie fanden schon um die Jahrhundertwende weite Verbreitung.

Dann trat aber mit dem ersten Vortrag der *Theosophie des Rosenkreuzers* eine neue Dimension der Methodenfrage in den Vordergrund: Für die Rosenkreuzermethode sei ein wesentlicher Unterschied zwischen dem Auffinden der geistigen Wahrheiten und dem Begreifen derselben.

> »Für das Auffinden der spirituellen Wahrheit ist das Hellsehen die notwendige Voraussetzung. Aber auch nur für das Auffinden.«[46]

Und er führt weiter aus, dass zum Begreifen der Wahrheit nichts anderes vonnöten sei, als der gewöhnliche, allgemein logische Verstand. Mit Hellsehen begreife man nicht allein spirituelles Schauen, sondern auch spirituelles Hören. Diese Fähigkeiten des Initiationswissens haben seit dem 14. Jahrhundert dazu geführt, dass spirituelles Wissen in die kulturellen Verhältnisse eingeflossen ist, aber in einem fast ganz verborgenen Strom, der damals leise anfing, sich dem Leben zuzugesellen, der aber nicht öffentlich war.

In den frühen Rosenkreuzergemeinschaften, die in ihren Anfängen von Christian Rosenkreutz selbst geführt wurden, hat sich, vom Strom des äußeren Lebens abgeschieden, in den Schülern die rosenkreuzerische Methode als Rosenkreuzerwollen ausgebildet. Öffentlich konnten die Methoden erst Ende des 19. Jahrhunderts werden. Damit wurde der Weg dafür frei, dass die geistige Wahrheit unmittelbar in das praktische Leben einfließen kann.[47]

Die Voraussetzungen für diesen kulturentscheidenden Schritt liegen darin, dass sich seit dem Ende des 14. Jahrhunderts, also seit dem Beginn des Bewusstseinsseelenzeitalters, der Blick für die äußere Welt zu öffnen begann. Die naturwissenschaftlichen Erkenntnisse hatten sich nach und nach ausgebildet und im Menschen eine streng objektive Wissenschaftlichkeit angebahnt.

Dass die geistigen Wahrheiten vom Beginn des 20. Jahrhunderts an unmittelbar in das praktische Leben einfließen können, war das mehrfach formulierte Anliegen Rudolf Steiners. Seine Äußerungen regten in den Seelen der Zuhörer Impulse oft recht unbestimmter Art an. Aber allein so ein Wort wie:

> »Auf die werktätige Erkenntnis, auf die Möglichkeit, aus der Erkenntnis heraus einzugreifen in das Leben, darauf kommt es an …«[48],

ist geeignet, im Einzelnen den Willen zu wecken und ihn dazu anzuregen, sein eigenes Verhältnis zu den kulturellen Gegebenheiten seiner Zeit zu realisieren.

Es stiegen Fragen in den Seelen der Zuhörer auf – Fragen, auf die Rudolf Steiner gewartet hatte. Und wenn sie von entscheidender Bedeutung für ein Lebensgebiet waren, beantwortete er sie grundlegend, oft mit einem ganzen Vortragszyklus. Seine Beantwortung zeigte drei verschiedene Stufen:

1. Er umriss das gesamte Lebensgebiet des jeweiligen Berufsfeldes aus seiner Erkenntnis der übersinnlichen Gegebenheiten heraus, die den zivilisatorischen Erscheinungen zugrunde lagen.
2. Er gab grundlegende methodische Hinweise darauf, wie der Fragende mit diesen Angaben umgehen möge.
3. Er machte deutlich, wie sich individuelles Handeln daraus ergeben kann, dass die Angaben nicht ein Rezept zum Tätigwerden sind, sondern ein Schlüssel zu einem neuen Verständnis, aus dem ein sachgerechtes Handeln hervorgehen kann.

Das ist der Weg, über den Rudolf Steiners Impulse für die einzelnen Lebensfelder als Kulturimpulse in das kulturelle Leben des 20. Jahrhunderts hineinfanden. Und es ist auch die Erfüllung dessen, worauf die Rosenkreuzermethode hinarbeitet: die Geisteswissenschaft hineinzutragen in das unmittelbar praktische Leben auf allen Gebieten.

Konkrete Fragen, von einzelnen Mitgliedern gestellt und individuell formuliert, veranlassten Rudolf Steiner in den Jahren, die dem Theosophischen Kongress folgten, zu Anregungen, die auf den verschiedensten Gebieten zu Gründungen geführt und hinfort zu entscheidenden Veränderungen im zivilisatorischen Leben beigetragen haben. Sie fanden weltweite Verbreitung und führten dort, wo sie verwirklicht wurden, zu weitreichenden Erneuerungsimpulsen. So fanden nach und nach die anthroposophischen Impulse Eingang in die Gestaltung des weltweiten kulturellen Lebens.

Immer waren es aber einzelne Menschen, die durch ihre Fragen die Anregungen Rudolf Steiners hervorriefen, sie verinnerlichten und dann verwirklichen konnten. Als konkretes Beispiel soll hier die Inauguration der Heilpädagogik geschildert werden.

»Herr Doktor, was ist mit diesen Kindern?«

Vor der Gründung der anthroposophischen Heilpädagogik gab es kaum eine verbindliche, menschlich überzeugende Praxis des Umgangs mit seelenpflegebedürftigen Kindern. In der Weihnachtszeit 1923, ein Jahr nach dem Brand des ersten Goetheanum, fanden in Dornach die Weihnachtstagung und im Anschluss daran der Jungmedizinerkurs statt. Teilnehmer an beiden Ereignissen waren drei junge Pädagogen, die sich in Jena über ihre berufliche Orientierung kennengelernt hatten, Albrecht Strohschein, damals noch Student der Psychologie, Siegfried Pickert und Franz Löffler.

Fragen, die in ihnen im Zusammenhang mit ihrer Arbeit aufgestiegen waren, hatten sie zusammengeführt. Alle drei, kurz vor der Jahrhundertwende geboren, gerieten trotz ihrer Jugend in den Strudel des Zeitenschicksals, als 1914 der Erste Weltkrieg ausbrach.

Franz Löffler, damals 19 Jahre alt, stammte aus einer behüteten Familie im damaligen Banat, wurde nach dem Notabitur Soldat, kam an die Ostfront und geriet in russische Gefangenschaft. Nach einem Fluchtversuch wurde er misshandelt und erst durch das Eingreifen Elsa Brandströms, der berühmten schwedischen Delegierten des Roten Kreuzes, gerettet. Er studierte in Jena Philosophie, Pädagogik und Psychologie und begegnet dort Ernst Lehrs und Maria Röschl. Später kommt er in näheren Kontakt zu Karl Schubert, Herbert Hahn, Eugen Kolisko und schließlich auch zu Ita Wegmann. Er wird esoterischer Schüler Rudolf Steiners und verbindet sein Schicksal mit Sigfried Pickert und Albrecht Strohschein.

Sigfried Pickert stammte aus Glogau im damaligen Schlesien. Er wurde, wie Löffler, nach dem Notabitur Soldat. Da er aber den Strapazen des Militärdienstes gesundheitlich nicht gewachsen war, wurde er nach einem längeren Lazarettaufenthalt entlassen. Er begann sein Studium der Germanistik, Geschichte, Philosophie und Pädagogik in Posen und kam gleichfalls nach Jena. Auch er kommt in Kontakt zu Ernst Lehrs. 1921 begegnet er in Stuttgart Rudolf Steiner. Als er im Sommer 1923 nach Dornach kommt, um das Studium der Anthroposophie zu vertiefen, erreicht ihn die Nachricht, dass das Jugendsanatorium Sophienhöhe in Jena einen Mitarbeiter sucht. Daraufhin übernimmt er die Aufgabe, in der Pflegeabteilung mit Kindern, denen keine Entwicklungsmöglichkeiten mehr zugesprochen wurden, zu arbeiten.

Albrecht Strohschein, 1899 in Hamburg geboren, war der Jüngste der drei, zu jung für die Teilnahme am Krieg. Er machte das Nachkriegsabitur, wodurch ihm die Universität offen stand. 1919 hat er eine einschneidende Begegnung mit Rudolf Meyer, der ihm in drei Tagen und Nächten aus der Geheimwissenschaft Rudolf Steiners vorliest. Von diesem Augenblick an weiß Strohschein, wozu er da ist. Pfingsten 1922 nimmt er am Anthroposophischen West-Ost-Kongress in Wien teil. Wie vor ihm schon Pickert und Löffler begegnet auch er in Jena Ernst Lehrs und lernt Wilhelm Rath kennen. Danach wird er zum Initiator der Jugendtagung in Stuttgart.

In der darauffolgenden Weihnachtszeit ist er in Dornach und erlebt die Katastrophennacht, in der das erste Goetheanum niederbrannte. Als ihn 1923 ein Brief von Anne Trüper, der Tochter des Gründers der Sophien-Anstalt in Jena erreicht, in dem er um Hilfe gebeten wird, gibt er den Brief an Sigfried Pickert weiter, der daraufhin dort Mitarbeiter wird. Das ist der Beginn der Freundschaft und Zusammenarbeit von Strohschein, Pickert und Löffler.

Im Dezember 1923 finden sich die drei zur Weihnachtstagung in Dornach ein. Alle drei brennen für Anthroposophie, alle drei sind damals bereits initiativ in die damaligen anthroposophischen Zusammenhänge eingebunden, sind vielseitige Kontakte mit einzelnen Anthroposophen eingegangen, konnten aber noch keinen Weg finden, die anthroposophischen Erkenntnisse in der Praxis mit seelenpflegebedürftigen Kindern aufleben zu lassen. Ihnen fehlten dazu in weitem Umfang die Erkenntnisse, die nur durch hellseherische Kräfte gefunden werden können. Sie mussten es beim gefühlsmäßigen Kontakt mit den Kindern bewenden lassen und ihre eigene Ohnmacht hinnehmen, an der sie vorerst nichts ändern konnten.

Möglicherweise angeregt durch die machtvollen Eindrücke der Weihnachtstagung, leben in ihnen tiefste Fragen auf, die sich auf das Schicksal der Kinder beziehen, Fragen nach deren So-Sein, nach deren individueller Entwicklungssituation und den Bedingungen ihres Heranwachsens. Nach der Weihnachtstagung dürfen sie am Jungmedizinerkurs teilnehmen.

Sie hatten Rudolf Steiner um ein Gespräch gebeten. Jeden Tag erwarteten sie jetzt, dass er sie zu sich riefe, tagelang aber anscheinend vergebens. Seine Antwort war jedes Mal: »Ich habe noch keine Zeit finden können. Kommen Sie morgen wieder.« Das ließ ihren Mut sinken. Sie fühlten sich ferngehalten, bis schließlich beim letzten Vortrag des Jungmedizinerkurses Rudolf Steiner durch die Reihen geht und laut zu Strohschein sagt: »Kommen Sie morgen früh um 10 Uhr in mein Atelier.«

Als sie dann am nächsten Tag zur angegebenen Stunde das Atelier betreten, sitzt Rudolf Steiner ruhig abwartend da und lässt sie fragen und erzählen. Das mündet schließlich in die Frage ein: »Herr, Doktor, was ist mit diesen Kindern?«

Rudolf Steiner antwortet, sie mögen eine geeignete Heimstatt für diese Kinder suchen. Auf den Einwand, dass doch kein Geld zur Verfügung stehe, antwortet er, das dürfe keine Rolle spielen. Dann aber, wie das Aufscheinen der Morgenröte: »Vielleicht wird es für mich einmal möglich sein, an Ort und Stelle Rat zu geben.«

Nach ihrer Rückkehr von Dornach finden die drei die Nachricht vor, dass auf dem Lauenstein ein Haus zu vermieten sei, ein altes aufgelassenes Gasthaus, bestens geeignet für ihre Zwecke, aber zu einem schwindelerregenden Mietpreis. Strohschein fährt daraufhin eilends nach Stuttgart, um Emil Molt um Geld zu bitten. Molt wiegelt ab: »Ich bitte Sie, fangen Sie bloß nichts Neues an, wir haben schon solche Sorgen mit der Waldorfschule.«

»Herr Molt«, sagt Strohschein darauf, »ich bin nicht gekommen um mir Ratschläge zu holen, ich habe Sie um Geld gefragt.«

Daraufhin bekommt er von Molt 1.000 Rentenmark, für die damalige Zeit ein Vermögen. Und als sich andere Spender anschließen, gelingt es den drei Pädagogen tatsächlich, die Sache räumlich zustande zu bringen. Am 17. Juni kommt Rudolf Steiner zu einem Besuch auf den Lauenstein. Da nimmt er Strohschein beiseite und fragt: »Sagen Sie mal, wie haben Sie das eigentlich gemacht?«[49]

6 Werktätigkeit

Werktätigkeit im anthroposophischen Sinn wird von Rudolf Steiner beschrieben als ein Handeln aus Erkenntnis, ein Handeln, in dem Willen und Einsicht in den Sachverhalt zusammenfinden und dem einzelnen Menschen ermöglichen, aus der Sache selbst heraus wirksam zu werden. Das klingt auch in dem Wort Ehrenfried Pfeiffer gegenüber an, aber als eine noch nicht voll verwirklichte Errungenschaft.

> »Künftig wird man prüfen, wie weit jemand beim Betrachten eines Zusammenhanges erlebt – nicht klügelt oder spekuliert. Im Erleben selbst liegen die Quellen, aus denen die Erkenntnisse heraus fließen.«[50]

Innerhalb des Theosophischen Kongresses wird die Notwendigkeit, dass die Ergebnisse der Geisteswissenschaft in das Leben der Zivilisation des 20. Jahrhunderts hineinzufinden haben, eindringlich von Rudolf Steiner dargestellt. Es finden sich namentlich im 1.Vortrag Formulierungen wie:

> »Werktätige Erkenntnis, die eingreifen kann im Leben – allerdings nicht im materialistischen Sinne, sondern heruntergeholt von den spirituellen Planen –, die befähigt uns, praktisch zu wirken.«[51]

Rosenkreuzerweisheit ist das Erarbeiten von Fähigkeiten. Sie ist nicht eine fertige Rezeptur, nach der das Handeln dann abläuft, sondern ein immerfort sich erneuernder Prozess, der immer neue Zugänge zu den Gegebenheiten und zum eigenen Handeln eröffnet, der sich an der Wahrnehmung korrigiert.

Werktätige Erkenntnis, die eingreifen kann ins praktische Leben, sind nicht die durch Anthroposophie übermittelten Inhalte und Erkenntnisse. Sie sind die an den Inhalten gewonnenen individuellen Erfahrungen, das individuelle Aufwachen, das Licht verbreitet über das, was praktisch geschehen kann.

Richtet man den Blick von dem, was einem im eigenen Schicksal entgegentritt, auf die Mitteilungen der Anthroposophie, bekommen diese oft unerwartete Aktualität. Man versteht sie neu, tiefer und lebendiger. Das hat zur Folge, dass sich daraus ein eigener innerer Zusammenhang zu den geistigen Planen herstellt, aus denen heraus sie geholt sind. Und aus diesen sich bildenden Anfängen eines eigenen Zuganges können dann individuelle Handlungsimpulse quellen. Wir können beobachten, dass Aufgaben an vielen Stellen auf rosenkreuzerische Weise bewältigt werden. Das soll an fünf Beispielen gezeigt werden.

Ein Initialerlebnis

Es kann vorkommen, dass jemand das Glück hat, ganz unvermerkt auf den Anfang so eines Prozesses zu stoßen. Als ich dies erlebte, war ich seit zwei oder drei Jahren an der Waldorfschule. Da gab es in meiner damaligen Klasse ein Kind, das die Neigung hatte, sich unvermerkt etwas von den Inhalten der Schulranzen seiner Mitschüler anzueignen, einen bunten Bleistift, ein Radiergummi oder ein Stück von der Brotzeit. Nach verwundertem Suchen aller Beteiligter fanden sich die Dinge dann im Ranzen dieses Kindes. Das führte dahin, dass bald keines der anderen Kinder neben ihm sitzen mochte. Ich war ratlos und erzählte die Geschichte meinen Kollegen, die Fachlehrer in der Klasse waren. Eine Kollegin fand rasch einen Vorschlag für die Lösung des Problems: »Ich habe den Vater beim Adventsfest beobachtet. Da stand er am Einlass und nahm die Eintrittseinnahmen entgegen. Einen Teil davon legte er ordnungsgemäß in ein bereitstehendes Kästchen, ein anderer Teil aber verschwand in die eigene Jackentasche. Da können Sie gar nichts machen. Sie müssen sich von dem Kind trennen, das ahmt den Vater nach. Dazu hat es jetzt schon neun Jahre lang Zeit gehabt, das ist inzwischen genetisch.«

Diese Beurteilung fand unter den Kollegen zustimmendes Kopfnicken, ließ mich selbst aber hilflos zurück. Ein paar Tage später ging ich durch die Reihen der Kinder und schaute, was sie in ihre Hefte geschrieben und gezeichnet hatten. Jeds Mal, wenn ich an der Bank dieses Kindes vorbeikam, streckte es verlangend seine Arme nach mir aus und jammerte flehend: »Frau Seydel …« Die Gebärde war ungewöhnlich. Die anderen Kinder bemerkten mich kaum, wenn ich vorbeiging, aber hier: reine Hingabe, ohne Spur von Zurückhaltung. Diese Situation am Abend nachbildend, fiel mir ein, dass ich gerade vorher in der *Allgemeinen Menschenkunde* den Absatz gelesen hatte, in dem Rudolf Steiner über Sympathie und Antipathie spricht. Mir wurde schlagartig klar, dass hier ein Überhang an Sympathie bei dem Kinde vorlag und dass ihm die Kraft einer gesunden Antipathie mangelte.

Mit dieser Erkenntnis war die Therapie eindeutig: Spiegelbildliche Übungen im Sprechen und im Zeichnen. Innerhalb weniger Wochen war die Sympathie eingefangen, und die Radiergummis der anderen Kinder blieben an ihrem Platz.

Umbaumaßnahmen am Goetheanum

Im Jahr 2014 haben die umfangreichen Umbau- und Renovierungsarbeiten am Goetheanum in Dornach begonnen. Martin Zweifel, der Leiter der Bauadministration, berichtet von seiner Tätigkeit in der vom Goetheanum herausgegebenen Bauzeitung:

»Der rechte Winkel

Aus der Bauzeitung des Goetheanum, Nummer drei, April 2014

Ich werde immer wieder darauf angesprochen, warum bei Anthroposophen der rechte Winkel ›verboten‹ sei. Von berufener Seite kam in der Zeit meines Architekturstudiums nur die Antwort: ›Ja, der rechte Winkel ist ein ganz besonderer.‹

Als ich in Berlin anhand der Philharmonie und der Akademie der Künste die Wirkung von Winkeln studierte, zeigte sich die meisterhafte Bewegungsführung: Ganz natürlich werden die Menschen durch stumpfe Winkel sachte an der Hand genommen, und der unbewusste Gliedmaßenorganismus geht halbwach wie auf mäandernden Waldwegen. Es gibt aber auch bei Treppenpodesten spitze Winkel. Hier wird noch stärker der Willensbereich im Körper angesprochen: Als ich auf einem geraden Treppenlauf nach unten ging, stand ich unerwartet auf dem Zwischenpodest rechtwinklig vor einer Wand. Wie durch einen Schlag vor die Stirn wurde ich aufgefordert, mich zu entscheiden, ob ich nun rechts oder links weitergehen wollte. Ich hatte keine Führung mehr, war auf mich zurückgeworfen und verstand, wie uns in der Zeit der Bewusstseinsseele der rechte Winkel zum Aufwachen in uns selbst bringt. Wenn wir nun das Goetheanum betrachten, sehen wir im Westen freie Winkel, im Osten den rechten Winkel als vorherrschend. Ohne die bisherigen Einbauten der Bühne zeigt sich, wie im Zentrum des Goetheanum ausschließlich rechte Winkel einen fast würfelförmigen Raum bilden. Wie ein riesiges Schatzkästlein beschützt diese Form das Innerste des zeitgemäßen Kulturimpulses der Anthroposophie. Aus dem eigenen bewussten Ich heraus wird man hier aufgefordert, in der Welt tätig zu sein, und abgeschnitten von der göttlichen Weltenschöpfung muss jeder aus sich heraus wieder einen Zugang zur geistigen Welt erringen.«

Martin Zweifel bezieht sich in seinem Artikel auf ein Erlebnis aus der Zeit seines Architekturstudiums. Dieses bildet die Ausgangssituation einer Folge von Vorgängen, die ursächlich damit zusammenhängen, dass er jetzt an entscheidender Stelle innerhalb der Baumaßnahmen am Goetheanum tätig ist.

Die Antwort auf die Frage, warum der rechte Winkel verboten sei: »Ja, der rechte Winkel ist ein ganz besonderer«, verschreckte ihn nicht, reizte ihn auch nicht zu Kritik, sondern motivierte ihn dazu, an zeitgenössischen Bauformen die Wirkungen von Winkeln auf den Menschen zu studieren.

Das ist eine charakteristische erste rosenkreuzerische Gebärde: der Blick in die Erscheinungswelt mit der Absicht, sich die Antwort auf eine Frage aus der eigenen Wahrnehmung heraus zu erschließen.

Leon: Beispiel einer Schülerbetrachtung

An pädagogischen Einrichtungen, welche die Waldorfpädagogik zur Grundlage ihres Arbeitens haben, werden immer wieder in unterschiedlichsten Zeitabständen einzelne Schüler betrachtet, um sie genauer kennenzulernen und ein Verständnis zu gewinnen für das, was sie an pädagogischen Hilfen brauchen. Diese Praxis wurde schon unter Rudolf Steiners Führung geübt. Wir verdanken den Protokollen aus dieser Zeit wichtigste Anregungen. Aber letztlich ist es in der Praxis doch so, dass jedes Kind durch seine Eigenart die Methode vorzugeben scheint, mit der es wahrgenommen werden möchte. Und das heißt in der Praxis, sich das individuelle Rätsel eines Kindes individuell zu lösen; denn allgemeine Vorstellungen und Rezepte führen nicht weiter. An den Beispielen aus der Zeit der Schulgründung können wir aber Anregungen zur Verschiedenartigkeit von Herangehensweisen studieren.

> »Wenn wir im Sinne wirklicher anthroposophisch orientierter Geisteswissenschaft denken, so ist uns klar, dass wir im Grunde durch allen Unterricht nichts anderes tun können, als die Hindernisse hinwegräumen, die sich vorlagern vor dem Herauskommen dessen, was das Kind sich hier in die Welt aus dem vorgeburtlichen Leben mitbringt.

> Deshalb wird ja in unserer Waldorfschul-Pädagogik so unendlich großer Wert darauf gelegt, dass der Lehrer wirklich das Kind betrachtet als etwas, was vor ihm steht wie ein Rätsel, das er zu enträtseln hat, bei dem er darauf zu kommen hat, was es in sich birgt.«[52]

Das hat sich auch bei Leon gezeigt. Leon war, als er einer Runde von Erziehern und Therapeuten vorgestellt wurde, ungefähr 11 ½ Jahre alt. Er besuchte die 6. Klasse einer Waldorfschule. Diejenigen, die mit ihm umgingen, erlebten alle eine bestimmte Schwierigkeit, die sie ratlos machte. Auf der einen Seite schien er aller intellektuellen Beanspruchung geneigt, war menschlich in die Klassengemeinschaft integriert und sehr beliebt. Er hatte es aber ungewöhnlich schwer, sich mit dem zurechtzufinden, was gerade von ihm gefordert wurde. Die Lehrer hatten dadurch das Gefühl, dass er verschlafen sei. Auch wirkte sein Zugriff zögerlich, selten initiativ. Willig ließ er sich auf die Hilfen ein, die ihm die Nachbarn in solchen Situationen zuteilwerden ließen, und richtete sich danach, sodass er meistens den Anschluss an den Fortgang des Unterrichts behielt. Nur bei Hilfsangeboten, durch die er sich bedrängt fühlte, reagierte er impulsiv ablehnend und konnte da sehr deutlich werden.

Die Erwachsenen standen vor einem Rätsel. Leon wirkte begabt, kam aber durch irgendwelche Gehemmtheiten nicht seinen Fähigkeiten entsprechend zum Zug und verlor so immer mehr den Anschluss an die initiativ vorwärtsdrängende Schülergemeinschaft.

Die Lehrer der Klasse entschlossen sich schließlich, Leon einmal in den Mittelpunkt einer Schülerbetrachtung zu stellen, um als betroffenes Kollegium das Rätsel dieses Kindes zu lösen. Denn nach den fünf ersten Schuljahren hatte sich im Prinzip nichts geändert: Es blieb bei allen Beteiligten das Gefühl, Leon in seinem Arbeitswillen nicht erreichen zu können. Er fand – und das seit Jahren – immer erst über den Umweg der Informationen durch seine Klassenkameraden in die gemeinsame Arbeit hinein, hatte selbst aber keinen Zugriff auf seinen Einsatz.

So traf man sich an einem Nachmittag zu einer Schülerbesprechung. Um eine gemeinsame Ausgangsituation zu schaffen, bekamen die versammelten Erwachsenen die Gelegenheit, die Kinder innerhalb einer kleinen Eurythmie-Aufführung wahrzunehmen. Zwar erlebt man ein Kind natürlich auch im eigenen Unterricht, hat da aber in der Regel nicht genügend Abstand, um genau genug erfassen zu können, was vorliegt.

Leon stieg in jede Übung ohne inneren Widerstand ein, aber immer zeitverzögert, sodass die Schüler, die sich im Kreis aufgestellt hatten und neben ihn zu stehen kamen, aufgrund seiner verzögerten und dann teilweise auch etwas ins Kopflose geratenen Einsätze immer erst selbst ins Stolpern kamen. Dann sprangen ein paar Mädchen ein und flüsterten ihm zu, was gerade zu machen war. Damit ging es auch, aber eben nur notdürftig und merklich belastet weiter. Diese Verzögerungen überschatteten nach und nach den Fortgang der Darbietung.

Nachdem die Kinder den Raum verlassen hatten, konnten wir unsere Beobachtungen austauschen. Dabei machte sich aber eine auffallende Ratlosigkeit breit und drückte auf die Stimmung.

Um das ins Stocken geratene Gespräch neu zu beleben, setzten wir es schließlich in kleinen Gruppen fort. Wir stellten uns die Aufgabe, von allen Erklärungsversuchen, allen Assoziationen, Therapie-Ideen und Interpretationen abzusehen. Wir wollten uns aller Urteile, aller Kritik enthalten, uns Schuldzuweisungen ebenso verbieten wie Besserwisserei. Unser Augenmerk sollte sich einzig auf Leon selbst, nicht auf die Erziehungsbeteiligten richten, und dabei versuchten wir, uns dem Eindruck, den Leon gemacht hatte, ganz lebendig, offen und energisch zu stellen und so dem Schüler Gelegenheit zu geben, sich in uns selbst auszusprechen.

Was dabei herauskam, führte uns vor Augen, dass Leon an irgendeiner Stelle seiner Biografie den Anschluss an sich selbst und damit an seine Altersstufe verpasst haben musste, zu irgendeiner Zeit vom Strom der Gegenwärtigkeit seines Geistig-Seelischen in seiner Organisation abgeschnitten worden war. Er musste zu einem bestimmten Zeitpunkt ›den Zug verpasst‹ haben und sprang jetzt nur mit Hilfe der Anderen auf den letzten Wagen mit auf, ohne den Sprung aus sich selbst heraus zu schaffen. Unser Fühlen brachte sich in Bildern und inneren Erlebnissen zum Ausdruck, in stillen und eindrucksvollen Evidenzerfahrungen, die mit der Frage zusammenhingen, die jeder an das Kind und sein Schicksal stellte.

In dieser Situation kam uns ein Erlebnis der Klassenlehrerin zu Hilfe: ein Gespräch mit der Mutter, an das sie sich plötzlich erinnerte und das sie uns jetzt wiedergab. Die Mutter erzählte darin von einer Begebenheit, die alle aufhorchen ließ:

Leon war knapp drei Jahre alt und mit ihr unterwegs. Aus irgendeinem Grund blieb er an einem Sträßlein zurück, das sie schon überquert hatte. Das Sträßlein war etwas abschüssig, und Leon wollte zu ihr. Sie winkte ihm zu, und er rannte los. In diesem Augenblick kam ein Jugendlicher mit einem »Seifenkistl« in voller Fahrt die Straße herunter, konnte nicht mehr bremsen und überfuhr das Kind. Leon aber war nichts geschehen.

Niemand hätte für möglich gehalten, dass er ohne Schaden geblieben war. Er war nur blass geworden und dann sehr still. Mutter und Kind gingen schweigend nach Hause. Nach und nach konnte wieder zur Tagesordnung übergegangen werden. Auch in den folgenden Jahren kam niemand mehr auf dieses Ereignis zurück.

Im Anschluss an die Schilderung dieses Ereignisses herrschte eine Weile tiefe Stille. Schließlich kam es zu einzelnen zögerlichen, vorsichtigen Äußerungen. Unter den Anwesenden gewann die leise Einsicht Gestalt, dass Leon durch das geschilderte Ereignis, diese durchdringende Schock-Erfahrung, aus seiner Organisation herausgeschleudert worden sein musste.

Das Gespräch umkreiste dann eine Weile lang die Frage, warum der Unfall damals nicht nachhaltiger hinterfragt worden sei. Dabei wurde deutlich, dass ja die Eltern ebenfalls unter Schock gestanden haben mussten, nur weniger sichtbar. An mögliche Konsequenzen dachte damals niemand. Nach und nach schälte sich innerhalb des gemeinsamen Prozesses heraus, dass sich das Fühlen der Anwesenden zu verwandeln begann. Dominierte zu Beginn der Nachbesprechung noch die persönliche Betroffenheit, die eigene Berührtheit von dem Schicksal dieses Kindes, so zeigte sich jetzt, dass die Betroffenheit allmählich begann, sich vom Persönlichen zu lösen. Die Teilnehmer blieben nicht mehr von auffälligen Mitleidsregungen, auch nicht mehr von Entsetzen oder von Kritik an den Erwachsenen in Leons Umfeld dominiert, sondern umkreisten, tiefere Zusammenhänge ahnend, die zunächst rätselhaft bleibende Inkarnationsgebärde des Kindes. Sie kamen zu dem ersten Ergebnis, dass seine schulischen Schwierigkeiten mit diesem Ereignis im Zusammenhang gesehen werden müssten.

Das Geistige des Kindes, seine Ich-Natur, die sich in seinem Willen stützt, konnte im Lauf der ersten Schuljahre nicht recht Gegenwart gewinnen, sondern blieb ihr zögerlich fern. Dieser Tatbestand wurde als Gefühlsurteil von den Anwesenden empfunden, nicht als Begriff oder als abgegrenzte Vorstellung.

Dann tauchte die Frage des Zeitpunktes auf, und damit wurde der Blick auf die Inkarnationsgebärde des Kindes gelenkt. Dadurch erhob sich die Frage, ob der Augenblick, Leon war damals drei Jahre alt, vielleicht in einem inneren Zusammenhang mit seiner schwach ausgebildeten Fähigkeit der Geistesgegenwart stehen könnte. An dieser Stelle standen die Teilnehmer vor einer andersartigen Aufgabe als der, Empathie zu entfalten und sich mit dem Kind in Einklang zu versetzen: Jetzt war danach gefragt, sich die Entwicklungssituation eines Dreijährigen zu vergegenwärtigen, um zu einem Bild zu kommen.

Bei der Erfüllung dieser Aufgabe wurde wieder einmal deutlich, wie fruchtbar es ist, sich ihrer in einer Gesprächsrunde anzunehmen, anstatt sich allein mit ihr herumzuschlagen. Denn jetzt trugen viele oder alle etwas bei, was seinen Ursprung im Umgang mit eigenen Kindern, der eigenen Biografie oder in der Beschäftigung und Verinnerlichung von Darstellungen Rudolf Steiners zu den Altersstufen des Kindes hatte. Das waren zunächst unterschiedliche Quellen, aber im Austausch ergab sich ein abgerundetes Bild:

- Mit drei Jahren erfährt die frühe Entwicklungszeit eines Kindes seine erste Abrundung. Das Seelisch-Geistige hat sich bis gegen diesen Zeitpunkt hin elementar in die Organisation eingegliedert: Im Verlauf des ersten Lebensjahres bildet die Auseinandersetzung mit der Schwerkraft die Eroberung der Aufrechte, den Schwerpunkt. Das Kind findet die Gleichgewichtslage und beheimatet sich in seinem Leib, sodass es die erste Stufe seiner Unabhängigkeit errungen hat.

- Es kann sich jetzt der Welt gegenüberstellen und im Zusammenklingen mit ihr die Anfänge seiner Sprache ausbilden. Nun taucht es elementar in die Inhalte dessen ein, was es ausdrücken möchte, und erwirbt für sein Sprechen die sprachlichen Strukturelemente. Es gliedert sich die Anlage zu einem späteren umfassenden Verständnis und zum Gebrauch der Sprache ein. Das ist der Entwicklungs-Schwerpunkt während des zweiten Lebensjahres.

- Dann gewinnt es an den Erscheinungen der Welt, die es umgibt, und an der Art, wie die Erwachsenen mit diesen Erscheinungen in Beziehung treten, die ersten Anregungen zu gedanklichen Verknüpfungen, die dazu führen, dass sich das Kind in seine menschliche, räumliche und zeitliche Umgebung einlebt, sich darin orientiert und auf der Basis seiner ersten Selbständigkeit darin zurechtfindet.

Diese dreistufige Entwicklung rundet sich im Verlauf des dritten Lebensjahres ab und führt schließlich dahin, dass das Kind zu sich »Ich« sagt und sich von nun an auch in seinen eigenen Erinnerungen zu beheimaten beginnt.

Diese Zusammenhänge schildert Rudolf Steiner. Mit den Schilderungen kann sich der Mensch innerhalb des Studiums der Geisteswissenschaft verbinden, sie verinnerlichen und sie bei seinen eigenen Wahrnehmungen in sich beleben.

Weil sich nun die Menschengruppe, die auf Leon schaute, diese Situation lebendig vergegenwärtigte, kam rasch ein Verständnis dafür auf, wie der Zeitpunkt des Unfalls mit den gegenwärtig vorhandenen Problemen des Kindes zusammenhängt. Schlagartig konnte Leons Situation erfasst und der Zusammenhang mit seiner Situation hergestellt werden.

Der Gruppe, die sich um ein Verständnis dieses Kindes und seines Schicksals bemühte, ist es in diesem Fall gelungen, den Anschluss an Leons individuellen Inkarnationswillen zu finden. Alle Beteiligten konnten etwas von diesem Willen fühlen. Dieser Wille hat bei einem Menschen seinen Ursprung in dessen Dasein vor der Geburt. Er ist durchwirkt vom Willen der geistigen Wesen, die das Kind ins Leben geleitet haben.

Wenn dieser Tatbestand nicht nur im individuellen Ahnen des Einzelnen auftaucht, sondern in einen kommunizierbaren Akt der Erkenntnis mündet, kann der pädagogisch Verantwortliche durch die gewonnene Einsicht zu Maßnahmen praktischer Hilfen für das Kind finden. Die Erkenntnis taucht aus dem durch Empathie Erfahrenen herauf, wenn ein Zusammenhang des eigenen Erlebens mit den Mitteilungen der Geisteswissenschaft gefunden wird.

Wir sind angetreten, uns durch das Befragen der Einzelheiten des Schicksals von Leon sein Rätsel zu lösen. Es hat sich gelöst, für jeden individuell, und doch zugleich allgemein, für jeden als eine elementare Evidenz-Erfahrung, eine eigenständig eroberte Wesenserkenntnis. So eine Erkenntnis stellt die eigentliche Hilfe für ein Kind dar: Es ist wahrgenommen worden: Kommen die Gedanken derer, die sich mit Entwicklungsproblemen eines Schülers mit einem »in Hingabe entwickelten Willen« an die Wahrheit heran, öffnen sie eine Tür und ein Strom imponderabler Hilfen kann sich in die Verhältnisse ergießen; denn jeder Einzelne hat sich bei der Besprechung innerlich an diesen Strom angeschlossen und sich auf eine intime Weise zum Mitarbeiter des Schicksals Leons gemacht.

Zwei Jahre später wurde wieder eine Gruppe von Schülern dieser Klasse zu einer Eurythmie-Darbietung an eine andere Waldorfschule eingeladen. Da ging plötzlich leise die Tür zu dem Raum auf, in dem die Veranstaltung stattfand, und Leon schlich sich auf Zehenspitzen ins Zimmer, suchte eine Lücke im Kreis der Übenden auf, ordnete sich mit Selbstverständlichkeit in den Kreis ein und übte mit, ohne die Hilfe der Nachbarn zu beanspruchen. Er hatte sich stillschweigend auf den Weg begeben: Keiner hatte ihn erwartet, keiner wusste etwas von seinem Vorhaben. Aber es war auch keiner von seinem Auftauchen verwundert, so zusammengewachsen war er inzwischen mit sich selbst und mit den Verhältnissen.

Daniel Libeskind und das Jüdische Museum Berlin

Daniel Libeskind ist ein Künstler jüdischer Herkunft, Architekt. Seine Kunst und die autobiografischen Äußerungen darüber weisen eine Nähe zu dem auf, worauf Rudolf Steiner Ehrenfried Pfeiffer gegenüber hingewiesen hat: Im Erleben selbst liegen die Quellen, aus denen die Erkenntnisse herausfließen.

Ende der achtziger Jahre entschloss sich der Berliner Senat zu einem mutigen Schritt: zu einem Erweiterungsbau der Jüdischen Abteilung des Berlin-Museums.

> »Man wollte den Menschen ein Denkmal setzen, die einst der Schlüssel zur vielschichtigen Kultur der Stadt gewesen waren – den Berliner Juden.«[53]

In einer ersten Runde des gegenseitigen Kennenlernens und der Annäherung an den Auftrag hatte der Berliner Senat damals 160 Architekten aus aller Welt eingeladen, darunter auch Daniel Libeskind. Dieser hatte bis zu dieser Einladung noch keinen eigenen Bau realisiert, sondern war Lehrer, Forscher und Vortragender zu Fragen der Architektur an vielen Universitäten. Er verstand sich damals selbst in erster Linie als Wissenschaftler. Nach dem Wettbewerb erhielt er den Auftrag für den genannten Bau. Dieser sollte somit das erste von ihm realisierte Bauwerk werden. Das hatte für sein weiteres Berufsschicksal gravierende Folgen: 2003 wurde er mit der Erstellung der Masterplanung für die Neugestaltung des World Trade Centers und dem Bau des Freedom-Towers betraut, er verwirklichte seit dieser Zeit architektonische Projekte in der ganzen Welt.

Am Anfang seiner Autobiografie beschreibt er, wie es zur Beauftragung in Berlin kam, welche Ideen und Bilder ihn bei der Planung eines Baus leiten und in welcher Art er sich den jeweiligen örtlichen Gegebenheiten, die zu den Bedingungen eines Baus gehören, zuwendet. Daniel Libeskind entwirft für den Leser ein nachvollziehbares Bild des Gesamtzusammenhanges, in den er seine Kunst gestellt sieht. Der Blick fällt dabei zunächst auf seine Stellung zur Architektur im Allgemeinen:

> »Im Gegensatz zur landläufigen Meinung sind Bauwerke keineswegs leblose Objekte. Sie leben und atmen und besitzen, genau wie Menschen, ein Inneres und ein Äußeres, einen Körper und eine Seele. Aber ebenso wie großartige Literatur oder Poesie oder Musik kann großartige Architektur die Geschichte der menschlichen Seele erzählen.« (S. 14)

Man geht wohl nicht fehl, wenn man aus diesen Aussagen eine persönliche, von individuellem Kunstempfinden durchwirkte Beziehung zur Architektur herausliest. Diese Grundausrichtung seines Wirkens tritt bereits in den ersten Aussagen hervor, durch die er die Örtlichkeit, in die sich der Berliner Bau hineinfinden soll, charakterisiert: Angeschlossen werden sollte er an das Berlin-Museum, ein elegantes Barockgebäude im Arbeiterviertel Kreuzberg in der Nähe der Berliner Mauer.

> »Früher war dies einmal ein pulsierendes Viertel in einer pulsierenden Stadt; jetzt wurde es beherrscht von Sozialwohnungsbauten, die man in den sechziger Jahren hochgezogen hatte – ein trauriger, irgendwie trostloser Bezirk einer Stadt, die durch eine Mauer geteilt und durch ihre tragische Geschichte von sich selbst getrennt war.« (S 14)

Der Gastgeber führte die Architekten zu einem Gelände, auf dem der neue Museumsflügel entstehen sollte: »... ein staubiger kleiner Spielplatz, auf dem gelegentlich ein Wanderzirkus gastierte« (S. 15)

Dann beschreibt Libeskind, wie er versucht, sich mit diesem Ort vertraut zu machen:

> »Meine Kollegen fuchtelten wie wild mit ihren Kameras herum, dokumentierten jeden Winkel aus jedem Winkel, wohingegen ich selbst kein einziges Foto machte, weil ich etwas wahrnahm, das man nicht auf Film bannen konnte. Während ich umherwanderte, dachte ich an alles Mögliche, nur nicht an das Baugelände. Wie kann man eine Vergangenheit einfangen, die einerseits so lebendig und vielfältig ist, und andrerseits so schmerzhaft? Wie kann man – nur mit Hilfe von Mörtel, Glas und Stahl – eine turbulente Vergangenheit und eine unvorhersehbare Zukunft zugleich einfangen?« (S. 15)

Dann weckt ihn Walter Nobel, ein freundlicher junger Mann, der bald ein bekannter Architekt in Berlin werden sollte, aus seinen Gedanken:

> »Sie sind neu hier. Sie kennen uns Deutsche nicht; Sie verstehen nicht, wie das hier läuft. Alles muss peinlich genau ausgeführt werden. Sie sollten die folgenden Dinge unbedingt wissen: Sie müssen beispielsweise die Toilettenmaße kennen. Neben den Brandschutzbestimmungen zählen die Vorschriften für die Größe und Ausstattung der Toilettenräume zu den wichtigsten Voraussetzungen.« (S. 15)

Daniel Libeskind dankt ihm freundlich, wirft abends die gemachten Notizen, die vielseitigen Toiletten- und Brandschutzbestimmungen betreffend, in den Papierkorb und konstatiert:

> »Bei diesem Bauwerk würde es nicht um Toiletten gehen.« (S. 16)

Dann beschreibt er seine Herangehensweise an ein Projekt, bezeichnet sie als alles andere als orthodox und bekennt:

> »Ich verstehe den Vorgang gelegentlich nicht einmal selbst. Manchmal werden meine Gedanken von einem Musikstück oder einem Gedicht inspiriert oder auch nur von der Art und Weise, in der Licht auf eine Mauer fällt. Und manchmal dringt eine Idee aus dem Licht im Innersten meines Herzens in mein Bewusstsein.« (S. 17)

Deutlich tritt dem Leser aus diesen Aussagen entgegen, dass Libeskinds Ideen nicht aus seinem Alltagsbewusstsein hervorgehen, sondern dass sie sich in seiner ausgebreiteten Aufmerksamkeit, die er auf den Gesamtzusammenhang richtet, als Einfälle geltend machen.

Darin zeigt sich als Grundgebärde, was Rudolf Steiner »Umkehrung des Willens« nennt, den Vorgang, bei dem ein Geistiges nicht aus der eigenen Seele als Resultat der eigenen Bemühung hervorgeht, sondern dass es als etwas außer dem Menschen liegendes Geistiges an ihn herantritt und von der Seele ergriffen werden kann.

Hier können wir den Sprung erleben, der bei der Beschreibung des Wirbels den Punkt anzeigt, an dem der Übergang von der einwickelnden zur auswickelnden Spirale gefunden wird, den Sprung ins Lebendige.

Dieser Durchgang von einem selbst aufgebauten zu einem inspirierten Erkenntnisvorgang stellt - wie schon in den Kapiteln über den umgekehrten Willen und über den Wirbel charakterisiert worden ist, eine der Stufen des Weges der Seele zum Gewahrwerden des Übersinnlichen dar. »Weil ich etwas wahrnahm, das man nicht auf einen Film bannen konnte«, sagt er selbst zu diesem Vorgang.

Libeskind macht in seinen Schilderungen über die Art seines Zugangs zu den Gegebenheiten, die ihn zu seinen Kunstwerken inspirieren, deutlich, dass ihn ein Denken leitet, das ihn ans Übersinnliche heranführt. Es geht sowohl über ein rein praktisches als auch über ein intellektuell begriffliches Denken hinaus und dringt in Bereiche vor, in denen Übersinnliches fassbar zu werden beginnt. Es ist ein esoterisches Denken, und weil es explizit an das Beobachtbare, die Sinneserfahrung, anknüpft, ist es als ein rosenkreuzerisches zu bezeichnen.

1990 bekommt Libeskind nun den Auftrag. Er schreibt dazu:

> »Ich würde ihnen einen Entwurf anbieten, der die jüdische Geschichte architektonisch in Berlins reiche und vielschichtige Geschichte integrierte und es den Besuchern ermöglichte, sie sogar dazu ermutigte, das Geschehene selbst zu spüren. (...) Der Philosoph Adorno einmal gesagt, dass jeder, der dem Holocaust gegenüber eine neutrale Sichtweise annähme und bereit sei, ihn in statistischen Begriffen zu diskutieren, sich auf die Seite der Nazis stellen würde. Es ist eine radikale Aussage, doch ich bin davon überzeugt, dass er im Grunde Recht hatte. Wenn man

in der Architektur ein Thema für neutral erklärt und sich nur noch auf die Zahlen und auf den ›guten Geschmack‹ konzentriert, dann verliert man dessen innere Wahrheit aus den Augen. Doch wie muss man dann vorgehen? Man muss mit aller Macht versuchen, auf direktem Weg der Wahrheit auf den Grund zu kommen.« (S. 98)

Nachdem Libeskind den Wettbewerb gewonnen und den Auftrag für den Bau bekommen hatte, erhält er einen Anruf von jemandem aus dem Berliner Senat: »Mr. Libeskind, Senator Nagel würde gern noch einmal prüfen und auch die anderen zwölf Projekte begutachten, die im Finale waren.«

Libeskinds Frau beurteilt die Situation sachgemäß:

»Nagel ist nicht an irgendeinem anderen Entwurf interessiert, sondern nur daran, dein Projekt zu streichen. Lass uns überlegen, was er dich fragen könnte, und uns darauf vorbereiten.« (S. 115)

Als Libeskind im Senat erscheint, warten er und alle Senatsangehörigen fünfundvierzig Minuten auf das Erscheinen Nagels. Dann kommt er in den Raum gestürzt, hinter sich ein Gefolge von Journalisten und Beratern.

»Er stürmte direkt auf mich zu, bis wir einander direkt gegenüber standen. Er machte sich noch nicht einmal die Mühe, seinen Mantel aufzuknöpfen. Es war offensichtlich, dass er mich binnen einer Sekunde loswerden wollte. ›Was qualifiziert Sie eigentlich dazu, Libeskind, hier in Berlin zu bauen?‹, wollte er wissen. (...) ›Welche Großbauten haben Sie errichtet, bevor Sie hierherkamen?‹

›Herr Senator, es geht nicht um Großbauten.‹
›Ich sagte, welche Großbauten haben Sie entworfen, die Sie dazu qualifizieren, dieses Museum zu bauen?‹, schnitt er mir das Wort ab.
Es war leicht zu erkennen, was er vorhatte. Ich holte tief Luft: ›Senator, wenn Sie sich nur daran orientieren, was in der Vergangenheit geschehen ist, dann hat Berlin keine Zukunft.‹
Er sagte nichts. Irgendetwas, das mit dem Wort ›Vergangenheit‹ zu tun hatte, ließ ihn innehalten. ›Gut‹, meinte er, und machte mit dem Kopf eine ruckartige Bewegung in die Richtung meines Modells.
›Ist dies das Projekt?‹ Ich nickte. Er sah es sich sorgfältig an. »Wie komme ich in das Gebäude hinein?‹
›Es gibt für Sie keine Tür, Senator. Für Sie gibt es keinen Zugang zu diesem Gebäude.‹
Alle im Raum erstarrten.
›Für Sie gibt es keine Tür, weil man Zugang zur jüdischen Geschichte und zur Geschichte Berlins nicht durch eine herkömmliche Tür erhalten kann. Sie müssen einer viel komplexeren Route folgen, wenn Sie die Geschichte der Juden in Berlin und damit auch die Zukunft Berlins verstehen wollen. Zuerst müssen Sie weit in der Geschichte der Stadt zurückgehen, bis in ihre barocke Periode, und aus diesem Grund müssen Sie erst das Barockgebäude betreten.‹
Nagel studierte das Modell erneut. Seine Züge glätteten sich, und er sagte: ›Ihre Vergangenheit ist mir egal, Mr. Libeskind. Mir gefällt Ihr Stil. Ich lade Sie herzlich ein, in Berlin zu bauen.‹ Dann gab er mir die Hand und ging.« (S. 115)

1990 beginnt der Bau. Etwas vom Ersten, womit der Bau beeindruckt, ist das, was der Architekt selbst *Voids* nennt, leere Räume, Räume ohne inhaltliche Bestimmung. Einer dieser *Voids* ist ein schmaler, sehr hoher, asymmetrischer Raum, ohne Fenster, nur mit einem einzigen schmalen Lichtspalt unterhalb der Decke, durch den Licht in den Raum fällt, dessen Quelle aber unsichtbar bleibt.

> »Man muss das Bauwerk mit dem ganzen Körper und allen Sinnen erfahren, ehe man es wirklich verstehen kann.« (S. 224)

Man erfährt es, wenn man sich darauf einlässt, in dem Raum zu verweilen und in sich selbst diese Leere zu erzeugen, ähnlich dem leeren Bewusstsein im Anschluss an eine Meditation. Libeskind waren die Voids ein besonderes Anliegen. Er erzählt ein Erlebnis:

> »Eines Tages besichtigten zwei ältere jüdische Frauen das Museum, gebürtige Berlinerinnen, die den Holocaust überlebt hatten und nun in England wohnten. Dies war ihr erster Aufenthalt in Berlin nach dem Krieg. [...] Ich schloss mich ihnen an, als sie sich langsam dem Holocaust-Turm näherten. Nachdem wir eingetreten waren, fiel hinter uns eine schwere Metalltür mit einem unversöhnlichen dumpfen Dröhnen ins Schloss. Es war Winter und der Turm nicht geheizt. Von außen drangen nur gedämpfte Geräusche herein – das Lärmen der Kinder auf dem gegenüberliegenden Schulhof, das Brummen von Lastern auf der Lindenstraße, Gesprächsfetzen von Besuchern auf dem Museumsgelände. Genau wie jüdische

> Berliner während des Kriegs waren auch wir jetzt vom normalen Alltagsleben abgeschnitten. Die beiden älteren Damen brachen in Tränen aus. Die Berliner verstanden das Gebäude mit dem Herzen.« (S. 170)

Das ist wohl das Eigentümlichste von Ergebnissen rosenkreuzerischer Werktätigkeit, dass sie denjenigen, den sie betreffen, nicht unberührt lassen, ebenso wenig wie sie ihn innerlich in irgendeine Richtung zwängen: Sie ermöglichen Freiheit, individuelle Formen des eigenen Zugangs.

Die beiden Jüdinnen waren im Innersten angerührt und erschüttert. Libeskind erlebt in dem Raum, den er selbst konzipiert hat (»Genau wie jüdische Berliner während des Kriegs waren auch wir jetzt vom normalen Alltagsleben abgeschnitten«) eine durchdringende Isolationserfahrung.

In mir lebte, als ich mich der Leere dieses Ortes überließ, die vorher noch nie so krass empfundene Tatsache auf, dass Tausende und Abertausende Berliner, die mit ihrem ganzen Leben in die Verhältnisse der Stadt eingewurzelt waren, aus dem Lebensorganismus Berlins herausgezogen wurden. Auf einen Schlag konnten sie das ehemals so durchdrungene, durchwärmte, mitimpulsierte Leben nicht mehr mitmachen. Sie fanden sich auf sich selbst zurückgeworfen, isoliert und in die Notwendigkeit versetzt, auf irgendeine Weise etwas von ihrem Menschsein zu retten.

Ich selber sehe nach dieser Erfahrung mit anderen Augen, anderem Gemütsanteil auf diese Zeit deutscher Geschichte. Aber es gehört zu den Eindrücken, die der Bau auf mich machte, auch die Erfahrung eines seltsamen Gegenstroms: das Gefühl, dass durch die in dieser Leere auftauchenden

Bilder etwas wie von außen in die eigene Seele einzog: die nationale Scham, die Erschütterung und zugleich etwas Gegenläufiges, Kraftvolles, Zukunftsvolles, Heilen-Wollendes. Nicht nur ein neues Verständnis, sondern das tiefgründige Gefühl, dass Zukunft in dieser Leere einen Raum bekommt, sich auszusprechen, um dadurch zu einem Gesunden der Verhältnisse, zu einem Gegenbild der Todeserfahrungen, beizutragen.

Schließlich noch ein Blick auf den »Garten des Exils«

> »Ich schuf einen Garten, in dem die Pflanzen in neunundvierzig hohen Stelen außerhalb der Reichweite der Besucher wuchsen und dessen Fundament seltsam geneigt war und die Besucher verwirrte, teilweise sogar seekrank machte. Der Garten sollte an die Juden erinnern, die man zur Flucht aus Berlin gezwungen hatte. Ich wollte erreichen, dass die Besucher sich an diesem Ort wie auf einem Schiffswrack fühlten – dem Wrack der Geschichte der deutschen Juden – und einen Eindruck davon erhielten, wie es sein musste, völlig orientierungslos in einem neuen, unbekannten Land angeschwemmt zu werden.« (S. 101)

Und tatsächlich: Als ich den Garten betrat, machte der abgesenkte Boden mich seekrank. Mit einem Schlag hatte ich das Gefühl völliger Orientierungslosigkeit. Die Sprache verloren, das Gleichgewicht, das stützende Umfeld – es war das Gefühl, das eigene Ich verloren zu haben und entpersönlicht allen Gewalten einer unvermittelt hereinbrechenden feindlich gesinnten Gegenwart schutzlos ausgeliefert zu sein.

Diese Reaktionen waren subjektiv, aber das Objektive dieser Erfahrungen Tausender und Abertausender schien im subjektiven Erlebnis jedes Einzelnen, der den Garten betrat, auf. Es realisierte sich in der Gestaltung des Bodens, der Stelen, im ganzen Bau. Es realisierte sich, weil Libeskind sich in ein inneres Verhältnis zum Judentum, dessen Geschichte, dessen Erfahrungen, dessen Leben und Leiden zwischen 1933 und 1945 versetzt hatte. Der »Geist der Zeit«, der Geist der Ereignisse der Vergangenheit, aber auch etwas vom Geist unserer Zeit waren anwesend, ohne benennbar zu sein. Sie wurden erlebt und durch das Erlebnis reflektierbar für jeden, der sich diesen Eindrücken gegenüber aufschließen konnte.

Müller-Wohlfahrt und die Welt des Fußballs

In diesem Kapitel soll der Blick auf ein weiteres Beispiel außerhalb anthroposophischer Zusammenhänge gerichtet werden. Ich habe es gewählt, weil die konkreten Aussagen eines Arztes über seine Tätigkeit, seinen Werdegang und seine Motive mich darauf aufmerksam gemacht haben, bis in welche intimen Verzweigungen der zivilisatorischen Wirksamkeit individueller Menschen sich heute im 21. Jahrhundert rosenkreuzerische Impulse und Motive zur Geltung bringen können.

Am 8. Juni 2012 erschien im SZ-Magazin ein Interview zweier Korrespondenten der *Süddeutschen Zeitung*[54] – Dirk Schönlebe und Werner Bartens – mit Dr. Hans Wilhelm Müller-Wohlfahrt über dessen ärztliche Tätigkeit beim FC Bayern. Die Aufgabe dieses Arztes besteht darin, die Sportler medizinisch–orthopädisch zu betreuen und ihnen während der Spiele und auch während der Zeiten der Regeneration ihrer Einsatzfähigkeit Beistand zu leisten. Er bezieht sich in dem Interview streng auf die Fragen der Journalisten. Und die Fragen sind so fachkundig gestellt, dass sich für den Leser ein klares Bild seiner beruflichen Tätigkeit ergibt.

Bis 2014 war Hans Müller-Wohlfahrt auch Arzt der deutschen Fußball-Nationalmannschaft und betreut – nach einer zweijährigen Pause – seit 2017 wieder die Spieler des FC Bayern. Bei dem Interview bezog er seine Antworten auf die Fragen der Journalisten. Die Antworten geben aber beim näheren Zusehen viel allgemeiner Auskunft über seine ärztliche Tätigkeit. Deshalb lasse ich den Text in der Zeitform der Gegenwart, in der er damals entstanden ist, bestehen.

Die erste der Fragen bezieht sich auf die konkreten Aufgaben des Arztes innerhalb einer Spielsituation. Wie schafft er es, in dem Augenblick, in dem sich auf dem Spielfeld ein Zwischenfall mit einem Spieler ereignet, in kürzester Zeit zu ihm zu gelangen, und welche Aufgabe stellt sich für den Arzt aktuell in diesem Moment.

Müller-Wohlfahrt verfolgt die Spiele von der Betreuerbank aus. Kommt es zu einem Zwischenfall, bei dem sich ein Spieler irgendwie verletzt zu haben scheint oder auch nur zu verletzen droht, ist er blitzartig auf dem Spielfeld bei ihm. Da setzt seine Tätigkeit an, und sie ist zunächst ein aufmerksames Wahrnehmen dessen, was sich ihm darbietet, allerdings ohne die Möglichkeit, Zeit zu verlieren.

Innerhalb von Sekunden erfasst er den Punkt, von dem aus die Art und der Umfang der Verletzung beurteilbar werden:

> »Ich lege zwei Finger an und spüre die Muskelanspannung. Dann gleite ich auf dem Muskel von oben nach unten und wieder zurück, dann quer, ganz langsam. Der Spieler zeigt mir, wenn es irgendwo mehr schmerzt.«

Es könnte so aussehen, als handle es sich dabei um Präliminarien. In Wirklichkeit erschließt sich der Arzt durch seine unabgelenkte Aufmerksamkeit die Art der Verletzung und vergewissert sich darüber hinaus dessen, was der Spieler wahrnimmt, um sicher zu gehen, dass sein Urteil zutrifft.

Den sich jetzt anschließenden Schritt bezeichnet Müller-Wohlfahrt als Phase der höchsten Konzentration:

> »Ich tauche quasi in den Muskel ein, finde mich in der Anatomie zurecht und kann ertasten, ob es Unregelmäßigkeiten gibt.«

Das Regelmäßige ist das Gesetzmäßige der körperlichen Verfassung, das einem Spieler ungehinderte Bewegungen ermöglicht. Unregelmäßigkeiten führen den Arzt auf die Spur des Problems. Hier setzt seine weitere Aufmerksamkeit an: Was er ertastet, verbindet er mit den inneren Bildern, die in ihm von den anatomischen Gegebenheiten der Muskulatur leben. Auf sie bezieht er, was er wahrnimmt. Er spürt auf diese Weise die Stelle innerhalb der Muskulatur des Spielers auf, die es diesem unmöglich macht, weiterzuspielen.

Die Fähigkeit, auf diese Weise auf den entscheidenden Punkt zu stoßen und daraus zu einem sachgemäßen Urteil über die vorliegende Verletzung zu kommen, macht die Erfahrung dieses Arztes aus. Der Impuls aber, in den Muskel einzutauchen, entspringt einer ärztlichen Technik, die er sich durch Übung angeeignet hat. Diese Technik besteht darin, dass er nicht Zuschauer bleibt, sondern in die Verletzung eintaucht, sie in sich fühlt, und dadurch einen inneren Zugang gewinnt. Er fühlt, wo und wie sich der Spieler verletzt hat. Anteilnahme, sagt die deutsche Sprache dazu.

Das heißt mit anderen Worten: Müller-Wohlfahrt bringt sich durch das Eintauchen innerhalb der Wahrnehmung als Ich im Wahrgenommenen zu seelischer Anwesenheit. Von da aus geht ihn die Verletzung persönlich etwas an. Und von diesem Punkt der Anwesenheit wird die Sache selbst für ihn beurteilbar. Wer diesen Punkt umgeht, beurteilt sie vom grünen Tisch aus.

Den Journalisten ist ein solcher Ansatz nicht vertraut. Sie fragen ein bisschen irritiert:

> »Dieses ›Sehen‹ Sie mit den Fingern? Konnten Sie das schon immer?«

Darauf Hans Wilhelm Müller-Wohlfahrt:

> »Ich weiß nicht, woher ich diese Fähigkeit habe. Ich meine, ich habe sie mir erworben durch tägliches Üben, Üben, Üben. Wie ein Pianist oder ein Violinist. Durch unendliches Üben habe ich ein bestimmtes Niveau erreicht.«

Es ist eine künstlerische Fähigkeit, dieses Sich-in-Einklang-Versetzen mit einem äußerlich Gegebenen. Dadurch bildet sich ein nicht durch Veranlagung gegebenes Wahrnehmungsorgan, durch welches das Gegebene als Wahrheit im Bewusstsein aufleuchten und begriffen werden kann.

Die Journalisten fassen noch einmal nach; denn im gängigen Wissenschaftsbetrieb ärztlicher Praxis wird das Wahrnehmen sicherheitshalber eher an die Technik delegiert, an das Röntgen, die Magnetresonanztomographie, die Sonographie, weil deren Wahrnehmungen objektiv und dokumentierbarer sind als Ergebnisse des Zusammenfühlens. Dem Fühlen eines Menschen wird eher Subjektivität zugeschrieben als den Feststellungen der diagnostischen Apparaturen. Der Arzt wird daher gefragt, wodurch er sich diese Fähigkeiten erworben habe. Darauf Müller-Wohlfahrt:

> »Ich nehme mir sehr viel Zeit und untersuche mit höchster Konzentration. [...] Sie haben auch Fähigkeiten, die Ihnen nicht bewusst sind. [...] Es gehören Intuition und Hingabe dazu. Sie müssen Freude daran haben. Und es muss für Sie eine Herausforderung sein, jeden Tag.«

Der kleine Hinweis auf die Freude, die Hingabe und die Herausforderung bezeichnet die innerlich als Wahrheit erlebte Zusammengehörigkeit des Wahrnehmenden mit dem objektiven Erscheinungszusammenhang. Und diese Zusammengehörigkeit, die subjektiv gefühlte Wahrheit ist es, was der Urteilsfähigkeit zugrunde liegt.

Das sind rosenkreuzerisch inspirierte Züge des Zuganges zur Welt. Sie wurden schon im Bildwerk der Jessewurzel sichtbar; dem Saalumbau des Goetheanum gaben sie die innere Ausrichtung. In der Öffentlichkeit machen sie sich mehr und mehr als Bedürfnis und Anspruch bemerkbar. Sie beginnen, den Objektivitätsanspruch der Wissenschaft zu ergänzen und begründen die Fähigkeit, im Leben praktisch zu wirken.

Schließlich kommen die Journalisten noch auf die Frage zu sprechen, ob die Erfolge auch mit der Sicherheit seines Auftretens zusammenhängen könnten. Müller-Wohlfahrt darauf:

> »Ganz ehrlich: Das wird so sein. Ich erlebe mich ja selbst, ich fühle mich mittlerweile jeder Aufgabe gewachsen. [...] Dann sage ich mir: Ja, da kann ich helfen. Ich bin sogar sicher, da kann ich helfen! So komme ich zum Patienten. Der Gesichtsausdruck, das Auftreten. Der Patient nimmt alles in Sekundenschnelle wahr: Da kommt jemand, der fühlt sich sicher, der hat keine Angst vor dem schwierigen Fall – der packt an.«

Dies belegt, dass Müller-Wohlfahrt auch durch sein Charisma wirkt und sein Wirken sich tatsächlich auch aus diesem Erleben speist. Es gibt ihm Sicherheit beim Auftreten. Schwierig kann so eine Ausgangslage erst werden, wenn sich zwischen die tatsächliche gegebene Authentizität und das Gefühl des eigenen Authentisch-Seins ein Ungleichgewicht einschleicht. Dieser Gefahr können nur Übungen entgegenwirken, die als rosenkreuzerischer Übungsweg beschrieben werden und die geeignet sind, größeren Lebensschwierigkeiten oder gar einem Scheitern entgegenzuwirken.

Den Ansatz zu so einem gesunden Entgegenwirken macht Müller-Wohlfahrt durch eine Art sozialer Technik, indem er wirklich auf den Patienten hört, ihn zu Wort kommen und sich über seine eigene Lage äußern lässt, durch die Gestimmtheit der Positivität und durch eine bewusst eingesetzte innere Aufmerksamkeit.

»Ich komme mit einem ziemlichen Schwung in das Untersuchungszimmer – wohlgemut. Dann kommt das Gespräch. Ich gebe dem Patienten Zeit, sich zu äußern, und Sie können fast sehen, wie er sich öffnet. […] Der Patient teilt sich mit.«

Damit bezieht Müller-Wohlfahrt die Lage und innere Verfassung desjenigen, auf den sich das Tätigwerden bezieht, konkret mit ein. So entsteht eine innere Gleichgewichtslage, die gewährleistet, dass das Tätigwerden wirklich dem Menschheitsfortschritt dienen kann und nicht nur dem eigenen Erfolgserlebnis.

Nach dem, was bisher zu Müller-Wohlfahrts Wirken beschrieben wurde, bleibt eine Frage. Sie bezieht sich auf die von Rudolf Steiner klar formulierte Aussage, dass die Erkenntnis zu diesem Wirken heruntergeholt sein müsse von geistigen Planen. Selbst konnte ich mir diese Frage lange nicht beantworten, bis ich im Nachzeichnen der Vorgehensweise dieses Arztes darauf aufmerksam geworden bin, dass er seine Wahrnehmung auf allerintensivste Weise auf das physisch und physiologisch Gegebene richtet. Er richtet sie nicht auf irgendwelche sekundären oder technischen Erscheinungen, sondern auf Erscheinungszusammenhänge, die aus Götterwirken hervorgegangen sind. Diese Zusammenhänge zu erforschen, ist den ausgebildeten übersinnlichen Fähigkeiten des Geistesforschers möglich. Sind sie aber erforscht, und durch das Anatomiestudium nachvollziehbar, muss man sich nicht auf alte Glaubensartikel beziehen, sondern man braucht nur in die geisteswissenschaftlichen Schilderungen dieser Gegebenheiten einzutauchen und im inneren Nachvollziehen sein eigenes Urteilsvermögen und die Wahrnehmungsfähigkeit dazu auszubilden.

Wenn dieser Weg beschritten wird, führt er dazu, wahrzunehmen, dass alle Bildungen des Menschen aus einem durch lange, unendlich lange Zeiträume umfassenden Götterwirken hervorgegangen sind. Wer sich auf eine derart intime, alle feinsten Bildungen ins Auge fassenden Art auf die vor ihm liegenden Gegebenheiten einlässt, hat es nicht mit etwas Äußerlichem zu tun, sondern mit etwas, an dem die Weltenlenkung und die Hierarchien seit Äonen gearbeitet und weisheitsvoll gewirkt haben. An diese Gegebenheiten schließt sich Müller-Wohlfahrt an, auch wenn er selbst das nicht äußert. Er geht mit ihnen in seiner Lebenspraxis um und stellt das Gleichgewicht der Verhältnisse da, wo es sich verschobenen hat, wieder her.

Das ist neuzeitliches therapeutisches Wirken, das sich anschließt an die Erkenntnisse heruntergeholt aus geistigen Planen und das darauf abzielt, in rosenkreuzerischem Sinn ins praktische Leben einzugreifen und mitzuwirken an einer Gesundung von ins Ungleichgewicht gekommenen Verhältnissen.

7 Die Ätherarten

Vorbemerkung

Wer das Glück hat, ein neugeborenes Kind zu sehen, und sich dem Eindruck überlässt, den es auf ihn macht, wird gewahr, dass alle Lebensäußerungen dieses Kindes Ausdruck von eigenständiger, in sich geschlossener Organisiertheit sind. Sie offenbaren eine Gesetzmäßigkeit, die nur für dieses Kind gilt. Das ist die Wirksamkeit des Ätherleibes, der aber noch nicht entfaltet oder individuell entwickelt ist. Jeder Mensch, der geboren wird, offenbart Züge dieses Wesensgliedes. Obwohl sich die Entwicklung des Ätherleibes zwar gesetzmäßig und vor aller Augen vollzieht, kann er doch nur selten als eigenständiges Wesensglied begriffen werden; denn er ist übersinnlicher Natur.

Die Außenwelt bietet dem erkennenden Forschen drei voneinander verschiedene Bereiche:

1. Als erstes begegnet uns die reine Außenwelt. Wir können sie mit unseren Sinnen beobachten, mit ihr experimentieren und ihre kausalen Zusammenhänge fassen. Die Naturwissenschaft widmet sich auf diese Weise der Welt und schafft die Grundlage der zivilisatorischen und der technischen Entwicklungen.
2. Daneben gibt es Erscheinungen, die das Seelische des einzelnen Menschen betreffen, die aber bis zum Ende des 19.

Jahrhunderts nicht befriedigend erfasst werden konnten. Sie betreffen die innere Welt des Menschen, von deren Verständnis das Glück und die Lebensqualität des Einzelnen und von Menschengemeinschaften abhängen. Sie gehören zum Feld der Psychologie, die inzwischen längst als eigenständiger Forschungsbereich anerkannt ist.

3. Ungefähr zur gleichen Zeit etablierte sich daneben ein Forschungsgebiet, das zwischen Naturwissenschaft und Psychologie gelegen ist, ein Zwischenbereich. Es umfasst die Erscheinungsformen des Lebendigen, die sich in der äußeren Natur ebenso finden wie im einzelnen Menschen und in Menschengemeinschaften. Für deren Erforschung müssen eigenständige Methoden entwickelt werden. Erschlossen worden ist dieses Gebiet durch Rudolf Steiner. Er war Naturwissenschaftler und Geistesforscher. Die Forschungsmethoden sind mitteilbar und damit jedem zugänglich, der den Weg zu ihnen sucht und bereit ist, neben den naturwissenschaftlichen Methoden die Methoden und Ergebnisse der Geisteswissenschaft anzuerkennen.

Bei dem Blick auf den Leib-Seele-Zusammenhang wird der Ansatz heute entweder mehr von der leiblichen Seite ausgehend gesucht, zum Beispiel von Fragen der Vererbung und der Umwelt, und ein anderes Mal mehr von Ursachen her, die als im Seelischen liegend vermutet werden. Je mehr sich der Blick in die Außenwelt aber differenziert, desto eindringlicher werden die Fragen gestellt, die diesen Zwischenbereich betreffen und der heute zunehmend ins Bewusstsein kommt. Das ist das Gebiet des Lebendigen, des Ätherischen.

Grundgebärden des Ätherischen

Allgemein gilt für das Ätherische, dass sich seine Erforschbarkeit bezieht

- auf das Gebiet der uns umgebenden Natur,
- auf unser eigenes Leben
- auf die sozialen Verhältnisse, in die wir eingegliedert sind.

Wer Verständnis für rosenkreuzerische Impulse sucht, kommt nicht um die Notwendigkeit herum, sich der Welt des Ätherischen und damit der Bemühung um ein andersartiges Wahrnehmen zuzuwenden.

Das Ätherische tritt über vier sich voneinander unterscheidenden Grundgebärden an den Menschen heran. Zunächst sind es Qualitäten, die man beobachten, messen und beschreiben kann: die vier Elemente Feuer, Luft, Wasser und Erde. Es ist aber möglich, in ihnen etwas zu entdecken, was man nur seelisch beobachten kann. Dadurch verbindet man sich in anderer Art mit ihnen.

Die vier Elemente der Außenwelt zeigen sich im Erleben und Verstehen des Menschen als Wärme, Licht, Ton und Leben, als die vier Ätherarten, über die der Mensch seine individuelle Verbindung mit dem Kosmischen der Welt wieder anbahnen kann:

> »Wenn wir den Äther überhaupt betrachten, ... so stellt er sich ... nicht undifferenziert dar, sondern er stellt sich zunächst dar als aus vier Ätherarten bestehend: aus dem Wärmeäther, dem Lichtäther, dem chemischen Äther und dem Lebensäther.«[55]

Der Wärmeäther: Die Wendung der Aufmerksamkeit

Der Wärmeäther ist das erste Gebiet der Ätherarten. Er grenzt unmittelbar an das materielle Dasein an. Wärme als Element durchdringt die Stoffe. Von ihnen – dem Festen, Flüssigen und Gasförmigen – ist nur die Luft diejenige Substanz, die keine festen Grenzen gegenüber äußerer Stofflichkeit aufweist: Sie ist der Sphäre zugewandt, ist kosmos-orientiert.

> »Wenn Wärme die Luft durchdringt, tritt ihre Kosmosorientiertheit hervor. Wärme bewegt die Luft und dehnt sie aus: Sie ist Tätigkeit, die sich im Stofflichen auswirkt und damit unserem Willen verwandt.«[56]

Der Naturwissenschaftler Ernst Michael Kranich hat die Wärme als einen Zustand unentwegten inneren Aufglühens bezeichnet. Damit erweist sich die Wärme zwar zunächst als an die Stofflichkeit gebunden, aber als das Bewirkende, Bewegende in ihr. *Warm* ist ein Zustand, *Wärme* aber das, was den Zustand verändert.

Sie ist ursächlich wirksam in meteorologischen und vulkanischen Erscheinungen. Sie dehnt die Stoffe aus, weitet sie zur Sphäre hin. Sie ist ihrem Wesen nach durch und durch sphärenorientierte Wirksamkeit.

Wärme wirkt auch in uns selbst. Da erleben wir sie körperlich, wenn wir schwitzen oder frieren, Fieber haben oder von der Kälte eines Wintertages überwältigt werden. Bei allen Wärme-Erscheinungen können wir bemerken: Wärme ist für das Leben in einem mittleren, ausgewogenen Zustand notwendig. Wenn es zu warm oder zu kalt ist, fühlen wir uns beeinträchtigt oder werden krank.

Die seelisch-geistige Wirksamkeit der Wärme in uns selbst erleben wir in allen Impulsen unseres Ich. Sie ist zutiefst mit unserem Willen verwandt, ist Tatkraft, und ihr seelischer Ausdruck zeigt sich in zugewandter Liebe. Sie ist anwesend in unserem Interesse, unserer inneren Aufmerksamkeit und in allem Hinauswachsen über uns selbst. Sie schließt uns der Welt und dem Kosmos gegenüber auf. Wir erfahren sie in dem Augenblick, in dem in uns ein Ideal auflebt und uns zum inneren Aufglühen bringt, wo wir von ihm nicht nur entzündet werden, sondern wo es unseren Willen ergreift und ihm die Richtung weist, es zu verwirklichen. In allen Ansätzen der Selbstüberwindung leben wir in dieser seelisch-geistigen Wirksamkeit der Wärme, schöpfen aus ihr die Sicherheit unseres Selbstbewusstseins und gewinnen durch sie Zukunftsorientierung.

Dem Walten des Wärmeäthers in uns können wir durch Selbstbeobachtung zuschauen. Indem wir seine Wirkungen beobachten, werden wir unaufdringlich über unsere Beziehung zur Welt, zu anderen Menschen und zu uns selbst unterrichtet. Es entfaltet sich bei dieser inneren Wahrnehmungs- und Beobachtungstätigkeit ein Gebiet, für das wir aufwachen können.

Das Ätherische selbst ist sinnlich nicht wahrnehmbar. Es verhüllt sich dem Blick, der sich auf die äußere Welt richtet, offenbart sich aber demjenigen, dem es gelingt, die Schwelle der Sinneswahrnehmung durch eine Wendung der Aufmerksamkeit zu überschreiten.

Da blickt jeder auf verschiedene Erfahrungen, die zunächst nicht verallgemeinerbar sind: Es kann sich als Hilfe erweisen, es so zu machen, wie die Wärme es macht: Diese ist mit allem sie umgebenden Stofflichen verbunden und schließt die Substanzen zur Sphäre hin auf. Sie durchwirkt alle Stofflichkeit. Wenn es gelingt, selbst ganz Sphäre zu werden, ganz Wärme, schließt man sich dem Umfeld gegenüber auf. So ein Vorgang stellt sich nicht von alleine ein, er wird durch Willen erzeugt.

Wer das versucht, macht die erstaunliche Erfahrung, dass sich mit der eigenen Wendung auch eine Wendung des Umfeldes vollzieht. In mir erwacht spontanes Interesse, und ich bemerke vielleicht, dass mir plötzlich kein Widerstand mehr entgegengebracht wird. Wärme ergreift und durchwirkt erlebbar das Umfeld. Und jetzt treten mir vielleicht innerlich tief bewegende Einzelheiten entgegen, es begegnet mir das Wesen des Anderen, sei es der andere Mensch oder die Natur.

Darin zeigt sich der Zugriff des Ich auf den Wärmeäther. Es erwacht das Interesse, das Mitfühlen. Es erwachen Wärme, Anerkennung und Liebe; diese zeigen uns die Verhältnisse in neuem Licht. Alles wird anders, die Außenwelt tritt uns entgegen und teilt sich der eigenen Seele mit. Wir werden Teil dieser Welt. Das sind die Wirkungen des Wärmeäthers. Sie durchbrechen die inneren Barrieren eines Menschen, sie schließen dem Verständnis und der Liebe die Türen auf und befreien ihn aus dem Dunkel der Selbstbezogenheit. Sie ermöglichen Wohlwollen, Gewogenheit und Achtung gegenüber fremdem Wesen.

> »Das wahrhaft Irdisch-Menschliche ist das Wärmeelement. In dem Augenblicke, wo dem Schüler des Rosen-

kreuzer-Meisters dieses Geheimnis vom Zusammenhange des Wärmeelementes mit dem Menschlich-Irdischen aufgegangen war, in diesem Momente wusste er sein Menschliches an das Geistige anzuknüpfen.«[57]

Der Lichtäther: Für einen Zusammenhang aufwachen

Eine Einsicht, die wir aus Wahrnehmungserfahrungen gewonnen haben, setzt sich nicht additiv aus Einzeleindrücken und Vorstellungen zusammen, die wir zu einem Gesamtzusammenhang summieren, sondern indem man schlagartig für einen Gesamtzusammenhang aufwacht.

So eine Aufwach-Erfahrung ist nicht ein sukzessives Bewusstwerden, sondern das Gewahrwerden der Tatsache eines Zusammenhanges. Damit erweist sie sich als eine übersinnliche. Ihre Einzelheiten werden einem Menschen oft erst im Nachhinein sichtbar und machen ihm nachträglich klar, inwiefern sie Teil eines Gesamtzusammenhanges sind. Diese Erfahrungen sind individueller Natur. So erklärt sich, dass einem selbst an einer Sache – zuweilen mit einem Ruck – ein Licht aufgeht, einem anderen an der gleichen Sache die Welt aber verschlossen bleibt.

Dass man sich eines Gesamtzusammenhanges bewusst werden kann, hängt davon ab, woran die Erfahrung ihre Anknüpfung findet. Diese Anknüpfungsmöglichkeiten sind immer individuell, bei jedem Menschen andere. Wesentlich hängen sie davon ab, welchem kulturellen Milieu ein Mensch zugehörig ist. Daraus können sich jeweils verschiedenartige Sichtweisen auf ein Problem ergeben.

Dass einem Menschen »ein Licht aufgeht«, dass er diesen persönlichen Aufwachvorgang überhaupt bemerkt, zeigt, dass Licht eine Wirklichkeit ist, der man sich im Sehen überlässt. Licht macht sichtbar, es ist aber geistiger und nicht materieller Natur: Man bleibt, wenn man sich der Licht- und Erfahrungsseite anderer gegenüber öffnet, nicht an die persönlichen Vorbedingungen gebunden, sondern gewinnt darüber Zugang zur Geistigkeit eines anderen Menschen und zur Geistigkeit, die in einer Sache lebt.

Hier wird auch der Zusammenhang mit dem Wärmeäther verständlich. Mit dem Eintreten in die Wirklichkeit des Wärmelementes erlangen wir den Zugang zu dem uns zunächst Fremden. Uns erschließt sich die Sphäre von Licht, von Einsicht und Erkenntnis. Dogmatismus und Vorurteile verbauen diesen Zugang und machen für das Gewahrwerden der Zusammenhänge blind.

Der Tonäther: Sich in Einklang versetzen

Über den Tonäther kommen wir zu andersartigen Erfahrungen in der uns umgebenden Welt als über den Wärme- und den Lichtäther. Wir finden den Tonäther in allem, was wir als Zusammenklang von Einzel-Elementen erleben und können ihn unseren Sinnesbeobachtungen zuordnen. Zusammenklang in der Natur kommt zustande, wenn sich Einzelelemente zu einem sinntragenden Ganzen zusammenschließen. Diese werden dabei nicht mehr in ihrem Einzel-Sein wahrgenommen, sondern nur als im Chor des Ganzen wirkend, der sich aus den vielen Einzelnen ergibt und zu einem tonätherischen Gesamteindruck wird, der das Zusammenwirken repräsentiert.

Beispiele von Tonäther-Wirkungen zeigen sich in der Natur in vielfältigen und verschiedenartigen Erscheinungen. Das ist in allen rhythmischen Ordnungen der Fall, die in der Stoffeswelt zutage treten: Wenn sich im Sandsaum einer Meeresbucht zum Beispiel ein Feld rhythmisch angeordneter kleiner Wellen gebildet hat oder der Wind auf einer Wasseroberfläche Bildungen von solch künstlerischer Vollkommenheit wie eine Eurythmie-Symphonie hervorzaubert. Wenn sich ein Spatzenschwarm mit zwitschernder Anmut auf ein reifes Getreidefeld niederlässt, wenn gegen das Frühjahr hin ein Chor von Singvögeln mit seinem Gesang das Tal erfüllt oder wenn in der Johannizeit die wunderbaren rhythmischen Wolkenbilder am Himmel erscheinen.

In der Menschenwelt begegnen einem Tonäther-Eindrücke, wenn zum Beispiel am Beginn eines Konzertes der Kammerton ertönt und von den Musikern übernommen wird, auf den sie dann ihre Instrumente stimmen. Bei allem gemeinsamen Singen oder Musizieren machen sich Tonäther-Wirkungen geltend. Auf sie aufmerksam geworden, können wir solche Phänomene in einer unbegrenzten Vielfalt aufspüren, und es kann vorkommen, dass einem Menschen dabei die Anwesenheit eines Übersinnlichen erfahrbar wird.

Bei Menschengemeinschaften, die eine gemeinsame Aufgabe haben, hat jeder Einzelne dafür Sorge zu tragen, dass die Gemeinsamkeit erhalten bleibt. Von allein geschieht das nicht. Es bedarf der Aufmerksamkeit, das zu verwirklichen, und tief sind die Enttäuschungen, wenn es misslingt. Gedankenlosigkeit, das Übergehen von Qualitäten anderer, Kritiksucht und Schuldzuweisungen können die Annäherung eines Geistigen an eine Menschengemeinschaft verhindern. Wo aber innerhalb einer Gemeinschaft daran gearbeitet wird, dass sich an dem, was ein anderer äußert, ein Gehör für seine Andersartigkeit entwickelt, kann sich ein Geistiges in den physischen Zusammenhängen zur Geltung bringen. Dieses wirkt sich dann in der Gemeinschaft aus und wird in einer Stimmung von gegenseitiger Gewogenheit erfahrbar. In dem Zuwachs an Lebens- und Gesundheitskräften und dem Aufkeimen von Kraft und Wärme für die Bewältigung der Aufgaben wird es offenbar.

Wer der Spur des Tonäther-Geheimnisses folgt, findet ebenso zu individuellen Möglichkeiten eines neuen Zugangs zur Natur wie zu der inneren Aufmerksamkeit für Entwicklungen innerhalb einer Menschengemeinschaft. Der Weg, auf Tonäther-Qualitäten aufmerksam zu werden, öffnet sich demjenigen, der sich mit den Erscheinungen, die ihm begegnen, in Einklang versetzt.

Chemismus-Erfahrungen

Im Chemismus, den kosmisch-mathematischen Ordnungen der Stoffeswelt, walten die gleichen Gesetzmäßigkeiten wie im Tonäther. Deshalb bezeichnet Rudolf Steiner die Tonäther-Erscheinungen auch mit dem Begriff »chemischer Äther«. Auch hier entsteht das Element des Tonätherischen aufgrund des Zusammenklanges einer Vielzahl von Einzel-Elementen, die sich zu einem Ganzen fügen und das Bild kosmischer Ordnungen hervorbringen.

Damit sich aber dieses Bild verwirklichen kann, muss sich die naturgegebene Ordnung ungestört entwickeln können.

Oft schon kleinste, von Menschen willkürlich oder gedankenlos verursachte Eingriffe können die Ordnungen der Naturgegebenheiten empfindlich stören. Die Ursache für die mannigfaltigen willkürlichen Eingriffe und Irritationen sind Fehleinschätzungen im Bereich der natürlichen Gegebenheiten, Bedenkenlosigkeit oder Mangel an Verantwortungsgefühl, die aus dem Gestrüpp menschlichen Begehrens oder moralischen Versagens der Natur gegenüber hervorgehen.

Wenn der Tonäther oder der chemische Äther, das geheimnisvolle harmonische Zusammenwirken der Elemente, der Zusammenklang alles Lebens, durch menschliches Fehlverhalten gestört wird, kann das zu globalen Auswirkungen führen, an deren Ende Naturkatastrophen und menschliches Unglück stehen.

Die Wendung der Aufmerksamkeit durch eine Veränderung der Urteilsgewohnheiten und durch die Arbeit an den Erkenntnisgrundlagen, die das Handeln bestimmen, kann solchen unheilvollen Ereignissen entgegenwirken.

Auf den Ton gestimmt

Ein grundlegendes tonätherisches Element ist die Stimmigkeit, die Gestimmtheit einer Vielheit von tönenden Einzel-Elementen und deren Zusammenklang. Wenn sich unkoordinierte Einzelstimmen erheben, die nicht mit dem Ganzen harmonieren, kommt keine einheitliche Gestimmtheit zustande. Stimmung kann sowohl den Klang einer komplexen Naturgegebenheit bezeichnen wie den harmonischen Klang einer Musik, sie kann sich aber auch durch gleiche Gestimmtheit innerhalb einer Menschengemeinschaft herstellen. Alles, bei dem sich Einzel-Elemente zu einer Ganzheit verbinden, kann Träger von Tonätherischem oder chemischem Äther werden und damit Geistiges nicht nur an die Sinneswelt herantragen, sondern in ihr selbst zur wahrnehmbaren Anwesenheit bringen.

Das Wahrnehmungsorgan des Menschen dafür ist das Fühlen, sofern es zum Hinfühlen herangeweckt ist. Das hat weitreichende Konsequenzen. Diese zeigen sich in den Wirkungen, die von natürlichen Gegebenheiten, von künstlerischen Ereignissen oder sozialen Verhältnissen ausgehen und sich in subjektiven Erfahrungen niederschlagen. So können sie das Lebensgefühl, die Gestimmtheit eines Menschen heben oder niederdrücken, die gesundheitlichen Verhältnisse fördern oder beeinträchtigen, die Zugehörigkeit eines Einzelnen zu der Menschengemeinschaft, der er angehört, festigen oder unterminieren.

Derartige Erscheinungen können die harmonische Eingliederung eines Menschen in die Schicksalsgegebenheit seines Lebens begünstigen oder verhindern. Sie können ihm zu vertieftem Lebensglück verhelfen oder ihm den Lebensfaden abschneiden.

In all dem hier Angedeuteten geraten die tonätherischen Wirkungen unvermutet in den Blick und schließen uns das Verständnis des Zusammenhangs von Naturgesetzlichkeit und sozialer Menschenordnung auf. Wer diesen Zusammenhang durchschaut, findet zu individuellen Möglichkeiten, in Gegebenes einzugreifen. Um das Ergreifen solcher Möglichkeit geht es bei den rosenkreuzerischen Methoden.

Verschiedene Aspekte des Lebensäthers

Der Aufbau der Eigenstofflichkeit im Vorgang des »Stirb und Werde«

Der Lebensäther ist die höchste Form der ätherischen Wirksamkeit – und die geheimnisvollste. Auf sein Wirken haben wir zunächst keinen Einfluss. Wir tragen in uns aber ein Ahnen, welches in unser Bewusstsein heraufdrängt und uns ein Empfinden davon vermittelt, wie und in welcher Art wir mit der Welt zusammenhängen. Und diese Art unseres Zusammenhängens ist eine andere als die aller anderen Menschen. Das findet seinen ersten Ausdruck darin, wie sich ein Mensch der Substanzwelt zuwendet.

Wir verdanken unser physisches Dasein den uns umgebenden Naturreichen. Aus ihnen nehmen wir unsere Nahrung auf, unterziehen diese aber sogleich einem umfassenden Abbauvorgang. Beim Gang durch den menschlichen Körper wird die Nahrung zerkleinert, verflüssigt, der körpereigenen Temperatur angeglichen, schließlich vollständig abgebaut und chemisch zerlegt. Das ist eine Bearbeitung, in der die einzelnen Nahrungsmittel der Stoffeswelt entfremdet und entweder ausgeschieden oder dem individuellen Organismus des Menschen zugeführt werden.

Die zunehmend abgebaute und zerlegte Nahrung gelangt in verflüssigtem Zustand zu den Darmzotten des Dünndarms und schmiegt sich in ihnen an die Darmwand an, die den Stoffen eine ausgebreitete Fläche zur Verfügung stellt. An dieser Stelle findet die Begegnung zwischen der stofflichen Außenwelt und dem inneren Leben des individuellen Menschen an der anderen Seite der Darmwand statt. Aus dieser Begegnung geht das körpereigene Eiweiß als eine individuell gebildete neue Stofflichkeit des Menschen hervor, eine Eigenstofflichkeit, die aus den konstituierenden Elementen Kohlenstoff, Stickstoff, Sauerstoff und Wasserstoff besteht, aber keine Addition der vorhandenen chemischen Elemente darstellt, sondern eine ganzheitliche Substanz ist, die das Leben des betreffenden Menschen tragen kann.

Der Vorgang des vollständigen Stoffabbaus, der Aufnahme in das Körperinnere hinein zur umgebildeten körpereigenen Eiweißsubstanz, die in nichts mehr an ihre ursprüngliche Erscheinungsform erinnert, geschieht in den unbewussten Tiefen unseres Leibes und stellt die Lebensäthertätigkeit dar. Sie wirkt in den Sekretionsprozessen der großen Körperdrüsen und den von ihnen bewirkten Stoffumwandlungsvorgängen und findet innerhalb mannigfaltiger rhythmischer Prozesse statt. Diese Vorgänge entziehen sich weitgehend der äußeren Wahrnehmung, teilen sich aber dem eigenen Lebensgefühl mit. Am gesamten Verdauungsvorgang sind die Wesensglieder des Menschen in unterschiedlicher Gewichtung beteiligt.

Im Abbau der fremden und im Aufbau der lebendigen, lebentragenden körpereigenen Substanz besteht der Individualisierungsprozess. Es ist ein Transsubstantiations-Geschehen. Dieser Prozess untersteht der leibgebundenen Ich-Organisation und bleibt tief unbewusst. In dem, was sich dem Lebensgefühl mitteilt, welches der Lebenssinn vermittelt, zeigen sich Wirkungen der anderen Wesensglieder, die am Stoffwechsel und am Leibaufbaugeschehen mitbeteiligt sind.

Biografische Lebensätherwirkungen und persönliche Kompetenzbildung

Was sich durch die aufgenommene Nahrung innerhalb des Verdauungs- und Stoffaufbaugeschehens eines Menschen ereignet, geschieht in verwandter, vergleichbarer Gebärde mit allem, was den Menschen in seinem Leben als äußeres Schicksal widerfährt: Das sind die Schicksalsgegebenheiten und -erfahrungen, sind das Verständnis, das Vertrauen, die Freundschaft, die Förderung oder die Liebe, die er von anderen erfährt, sind auch die Treue, mit der ein anderer durch schwierige Zeiten zu ihm hält.

Es können sich im Leben eines Menschen aber auch irreversible Schäden ergeben, unauslöschliche Kindheitseindrücke, Weichenstellungen, die in ihren Auswirkungen einen Menschen von seiner Bahn ablenken, sein gesundes Heranwachsen verhindern, ihn dauerhaft zeichnen und sich seiner Entwicklung in den Weg stellen. Nach Maßgabe dessen, wie das von der Welt Aufgenommene und Widerfahrene Eigensubstanz wird, bilden sich die Grundlagen einer Persönlichkeit aus, in der das Anverwandlungs-Geschehen noch ins spätere Leben hineinwirkt.

Bei allen Tätigkeiten, allen beruflichen Aufgaben, aller Lebenswirksamkeit überhaupt, kommt es darauf an, wie wir uns auf unsere Aufgaben vorbereiten und wie wir uns dann für sie einsetzen.

Für denjenigen, der innerhalb eines anthroposophischen Lebensfeldes tätig ist, wähle ich ein Beispiel aus der Pädagogik. Rudolf Steiner sagte bei der Eröffnung der ersten Waldorfschule zu den neuen Lehrern:

»… wir müssen uns bis in die Fundamente hinein bewusst sein dessen, was wir tun. […] Unterschätzen wir nicht, dass das wichtig ist, was jetzt gesagt ist, denn Sie werden nicht gute Erzieher und Unterrichter werden, wenn Sie bloß auf dasjenige sehen werden, was Sie tun, wenn Sie nicht auf dasjenige sehen werden, was Sie sind. [...] Ein Lehrer, der sich beschäftigt mit Gedanken vom werdenden Menschen, wirkt ganz anders auf die Schüler als ein Lehrer, der von alledem nichts weiß, der niemals seine Gedanken dahin lenkt. […] Wenn wir durchdrungen sind von diesen Gedanken …, dann wird das über uns kommen …, dass wir ein Verhältnis zu den Kindern herstellen, das wir für das wünschenswerte halten. […] Und wir müssen uns vor allen Dingen der ersten pädagogischen Aufgabe bewusst werden, dass wir erst selbst aus uns etwas machen müssen.«[58]

Diese Aussage betrifft zunächst die eigene Kompetenzbildung. Denn diese geht daraus hervor, wie sich ein Mensch für seine Berufsaufgabe vorbereitet, wonach er sich innerlich richtet und woran er sich orientiert. Daraus geht die Bildung der beruflichen Fähigkeiten hervor. Das ist zunächst eine entscheidende Wirkung des Lebensäthers.

Berufliche Kompetenz bildet sich innerhalb von Ausbildungsgängen, Fortbildungen und innerhalb der Aufgaben selbst. Ein Mensch ändert sich, indem er seine Aufgaben ergreift. Die ganze Zivilisation lebt und entwickelt sich aus dieser Art der Aus- und Umbildung eines Menschen, seiner eigenen Umgestaltung, die er im Hinblick auf seine berufliche Wirksamkeit an sich selber vornimmt und durch die er sich zum Zeitgenossen einer Epoche macht.

Gleichgewicht

Die ausschlaggebende Qualität lebensätherischen Wirkens ist, dass sich in einem Organismus zwar verschiedenartige Züge der einzelnen Organe zur Geltung bringen können, dass es aber auf die entsprechende gegenseitige Abstimmung, auf ihr Zusammenwirken und auf das Gleichgewicht ihres jeweiligen Kräfte-Einsatzes ankommt. Wenn sich Dominanzen entwickeln, fängt ein Organismus an, aus dem Gleichgewicht zu geraten und zu erkranken. Dabei ist es gleichgültig, ob es sich um den Organismus eines einzelnen, individuellen Menschen handelt, oder um einen sozialen Organismus. Krankheitserscheinungen und Symptome sind jeweils völlig gleich.

Wo aber ein Organ im anderen wirkt und aus dem anderen seine Lebensfähigkeit und Förderung entfaltet, ergibt sich ein gesundes, ausbalanciertes lebensätherisches Wirken, sei es in den Gesundheitsverhältnissen eines einzelnen Menschen oder in denen eines kleineren oder größeren sozialen Organismus.

Lebensäther-Wirkungen sind in jedem individuellen Organismus anwesend. Sie sorgen für das Zusammenstimmen einzelner Organe als Basis für die individuelle Lebenswirksamkeit.

Geistige Ernährung

Schließlich ist noch auf einen weiteren Vorgang der Lebensätherwirksamkeit zu blicken: auf einen Vorgang, der in denselben Stufen wie die Nahrungsaufnahme des Menschen verläuft.

Unsere Präsenz im Leib wird dadurch aufrechterhalten, dass wir uns von den Stoffen der Erde ernähren. Dadurch bekommen wir immer wieder aufs Neue eine Zufuhr von frischen Lebenskräften, durch die wir unser Leben und unsere Arbeit bewältigen können.

Ein in der Gebärde verwandtes Geschehen spielt sich ab, wenn wir uns geistig-seelischen Inhalten zuwenden, die uns interessieren, für die wir Neigung entwickeln, die uns erwärmen und motivieren können. Das kann zum Beispiel für die rosenkreuzerisch gestimmte Seele die Geisteswissenschaft Rudolf Steiners werden. Es kann auch nahezu jeder andere, die Seele anrührende Inhalt sein, in dem ein Mensch die Ideale findet, mit denen er sich innerlich verbinden und die er zu seiner Sache machen kann: Inhalte aus der Kunst, der Religion oder auch des individuellen Bezuges zur Natur.

Wenn wir fühlen, dass wir erschöpft sind, genügt manchmal schon ein kleiner, die Lebenskräfte belebender Imbiss oder ein Schluck Kaffee. Wenn wir müde werden an unserem Beruf, zum Beispiel als Lehrer, können sich die Lebenskräfte an den menschenkundlichen Gedanken der Geisteswissenschaft erquicken oder neu aufbauen.

Wie beim stofflichen Ernährungsstrom unseres Leibes muss eine Bedingung erfüllt sein, damit die aufgenommene Substanz ihre belebenden Kräfte in unserem Wirken entfalten kann.

Das ist das *Stirb und Werde*. Das Aufgenommene, Studierte, Gelesene oder durch Gespräch Angeeignete muss im individuellen Menschen einem Abtötungsvorgang unterzogen werden. Die aufgenommenen Gedanken dürfen sich nicht in ihrer vorgegebenen Form einfach erhalten, sie müssen durchgearbeitet, abgetötet, in ihre Bausteine zerlegt, befragt, den eigenen Bedürfnissen und Sichtweisen, dem eigenen Lebensstil gemäß umgeordnet, ja neu gestaltet werden.

Dann erst lassen sie sich authentisch fassen, werden nach und nach zur eigenen individuellen Existenz. Das Angelesene muss sich anverwandeln und individualisieren, sonst bleibt es Dogma. Dazu ist die Wärme unseres Gemütes notwendig, das die Inhalte aufnimmt, und der Wille, sie zu meditieren und sie ihrer Zeit- und Situationsverwobenheit zu entkleiden. So wie der Nahrungsbrei dem eigenen Leib nicht den aufgenommenen Apfel als solchen übermittelt, sondern ihn zu eigener Substanzbildung anregt. Wenn Anthroposophie Ideologie bleibt, vermitteln sich Dogmen. Sie muss aber Leben werden in der Seele. Denn sie selbst ist aus dem Geiste fließendes Leben.[59]

Dadurch ereignet sich Kompetenzbildung, und die ist ein Ergebnis der Lebensäther-Wirksamkeit. Anthroposophie wird Leben, wenn wir sie meditieren. In diesem Vorgang befreit sich das Leben aus der Hülle des ursprünglich Mitgeteilten und teilt sich als eigene Schöpfung der Seele mit.

Wie komme ich zu einer inneren Erfahrung von Leben?

Die Frage, die sich dabei für die Bewusstseinsseele stellt, ist: Wie komme ich zu einer eigenen Erfahrung dieses Vorganges? Wie komme ich zu einer inneren Erfahrung von Leben, die nicht nur eine Gefühlserfahrung bleibt, sondern mir Klarheit schenkt über das, was ich als Leben empfinde? Denn die Bewusstseinsseele trägt in sich zwar das tiefe Bedürfnis nach eigener Erfahrung, hat aber ihr gegenüber auch ein gewisses Misstrauen. Sie möchte sie durch die Helligkeit des eigenen Bewusstseins begründet finden, nicht durch die Erfahrung eines Anderen und auch nicht auf Autorität hin entgegennehmen.

In seiner Schrift Wie erlangt man Erkenntnisse der höheren Welten? schildert Rudolf Steiner eine Übung, die eine Vorbereitung zum Erweitern der Erkenntnisfähigkeit darstellt:

> »Der Anfang muss damit gemacht werden, die Aufmerksamkeit der Seele auf gewisse Vorgänge der uns umgebenden Welt zu lenken. Solche Vorgänge sind das sprießende, wachsende und gedeihende Leben einerseits, und alle Erscheinungen, die mit Verblühen, Verwelken, Absterben zusammenhängen, andrerseits. Überall, wohin der Mensch die Augen wendet, sind solche Vorgänge gleichzeitig vorhanden.«[60]

Naturgemäß rufen sie im Menschen Gefühle und Gedanken hervor. Aber unter den zivilisatorischen Verhältnissen gebe man sich diesen Gefühlen und Gedanken nicht genug hin. Dann heißt es weiter:

> »Es handelt sich darum, dass er intensiv die Aufmerksamkeit ganz bewusst auf diese Tatsache lenke. Er muss, wo er Blühen und Gedeihen einer ganz bestimmten Art wahrnimmt, alles andere aus seiner Seele verbannen und sich kurze Zeit ganz allein diesem einen Eindruck überlassen. Er wird sich bald überzeugen, dass ein Gefühl, das in einem solchen Fall durch seine Seele früher nur durchgehuscht ist, anschwillt, dass es eine kräftige und energische

> Form annimmt. Diese Gefühlsform muss er dann ruhig in seiner Seele nachklingen lassen. Er muss dabei ganz still in seinem Innern werden. Er muss sich abschließen von der übrigen Außenwelt und ganz allein dem folgen, was seine Seele zu der Tatsache des Blühens und Gedeihens sagt.«[61]

Dabei macht man nun die Erfahrung, dass sich das aufblühende Leben auf ganz andere Art mitteilt als das Welken und Absterben. Man erlebt beides mit, erfährt den Prozess nicht über eine Feststellung, sondern im Miterleben und macht nach und nach die Erfahrung, dass sich ein neuartiges Gewahrwerden der gegensätzlichen Naturerscheinungen einstellt.

Die Übung kann eine Hilfe dafür sein, ein Gefühl dafür zu bekommen, was Lebensäther-Wirksamkeit ist: Es ist ein ganzheitliches Geschehen. Wir fühlen es mit, fühlen in uns die Werdekraft des Blühens und Gedeihens, das Sich-Zusammenziehen und das zur Struktur Erstarren bei den Vorgängen des Welkens und Absterbens.

Dabei teilt sich uns etwas von dem mit, was sich in Erscheinungen des Werdenden zeigt, die wir erleben als hinter dem Äußeren liegend. Wir machen sie mit, erleben das sonnenhafte Sich-Entfalten, das wir in unserer Zirkulation, in unserer ganzen Existenz anwesend empfinden. Wir können auch differenziert darüber sprechen als über eine Lebenstatsache. Diesem Geschehen gegenüber öffnen wir uns, werden von ihm erwärmt und fangen nach und nach an, zu diesen differenzierten Äußerungen inneren Kontakt zu bekommen. Es ist ein ahnendes Verstehen einer Sprache, das sich erst in dem Augenblick einstellt, wo wir uns ihr zuwenden.

Unser Fühlen, unser in Hingabe entwickelter Wille wird dabei zum Wahrnehmungsorgan für etwas dem bisherigen Bewusstsein Verborgenes. Das ist eine Evidenz-Erfahrung, der gegenüber es keine Unsicherheit gibt, keinen inneren Widerspruch und keinen Zweifel. Der Maßstab für die begriffliche Einordnung des Wahrgenommenen ist unser Wahrheitsgefühl, das uns die in diesem Vorgang erlebte Wahrheit zum Bewusstsein bringt.

> »Wahrheit ist Hineinlegen subjektiver Erlebnisse in den objektiven Erscheinungs- Zusammenhang. Diese subjektiven Erlebnisse können sogar einen ganz individuellen Charakter annehmen. Sie sind dennoch der Ausdruck des inneren Wesens der Dinge. Man kann in die Dinge nur hineinlegen, was man selbst in sich erlebt hat.«[62]

Deshalb wird jeder Mensch seiner individuellen Erlebnisse gemäß etwas in gewissem Sinne Anderes in die Dinge hineinlegen. Wie ich mir einzelne Vorgänge in der Natur deute, ist für einen Anderen, der nicht das gleiche innerlich erlebt hat, oft nicht zu verstehen.

> »Es handelt sich aber gar nicht darum, dass alle Menschen das Gleiche über die Dinge denken, sondern nur darum, dass sie, wenn sie über die Dinge denken, im Elemente der Wahrheit leben.«[63]

Der Wärmeäther gelangt unter die Regie des Ich, wenn der Mensch aufmerksam wird auf das, was ihm begegnet, und wenn er dafür Zuwendung, Interesse entwickelt.

Damit wächst er über sich selbst hinaus, er fängt an, sich selbst zu überwinden und schließlich in die Dinge »hineinzukriechen«, um in den Dingen zu leben. Der Wärmeäther ist die erste Ätherart, durch die der Mensch nicht nur den Außenwirkungen willenlos preisgegeben ist und auf sie reagiert, sondern eine erste Wendung zur Welt hin bewusst, aktiv und von sich aus aufnimmt.

Im Lichtäther liegen die Keime, Fragen an die Welt zu richten, nach Zusammenhängen zu suchen und sie sprachlich zu fassen. Erste Begriffsbildungen sind die Folge. Der Zugang zum Lichtätherischen eröffnet einem Menschen das erste Verständnis von Ordnungen, die erste Möglichkeit, Zusammenhänge zu erkennen und sich zu orientieren.

Über den Tonäther kommt der Mensch zum Fühlen seines seelischen Zusammenhanges mit dem Geistigen der Welt. Er reagiert mit seinem subjektiven Fühlen auf die Eindrücke. Er kann sich von da an mit dem Äußeren in Einklang versetzen und erste individuelle Beziehungen aufnehmen – zu anderen Menschen, zu seinen Lebensaufgaben, zu seinen Schicksalsgegebenheiten und auch zu sich selbst, zu Kunst, Wissenschaft und Religion, zum Übersinnlichen.

Beim Lebensäther rückt der Aspekt der Selbsterziehung ins Blickfeld. Dadurch bildet sich Kompetenz. Der Mensch konstituiert sich durch alles, was er von der Welt nicht nur entgegennimmt, sondern in sich aufnimmt und mit sich verbindet. Und darin liegt schließlich Lebensäther-Wirksamkeit. So wird es möglich, dass sich ein Mensch entwickelt, dass er zum Bürger der Welt und zum Glied der ganzen Menschheit wird: dass er der Träger, Verwirklicher und Gestalter seiner individuellen Geistigkeit wird, durch die er die Beziehung zur Geistigkeit der Welt ausbildet – eine Beziehung, aus der heraus er in der Welt tätig wird. Der Lebensäther ermöglicht einem Menschen, zu seiner Lebensaufgabe zu finden.

8 Naturgesetzlichkeit und soziale Menschenordnung

Nordlicht-Erscheinungen

Indem wir die Natur erleben, begegnen wir der Außenwelt. Wenn wir uns aber in die Wahrnehmung ihrer Erscheinungen hineinstellen, uns mit erhöhter innerer Aktivität in sie vertiefen, erleben wir sie *in uns selbst.*

Bei der Erfahrung von Nordlicht kann das schwierig sein, denn es ist eine dem Mitteleuropäer ungewohnte Erscheinung. Wenn wir es erleben, kann es sein, dass wir von der Erscheinung hingerissen sind, überwältigt von seiner Schönheit und dem Unirdischen seiner Erscheinungen, dass es uns aber rätselhaft bleibt. Dass wir es zwar sehen und ergriffen bewundern, es aber doch nicht recht fassen können. Wir fragen uns, wovon es denn wohl Ausdruck sei, und möchten den inneren Zugang zu seiner Sprache finden.

Dann kann es aber sein, dass es unser Inneres berührt, dass wir es in uns erleben und es plötzlich verstehen. Wir erleben es zwar draußen als sich vor unseren Augen entfaltendes Lichtgeschehen, aber ebenso in uns, uns verständlich: Wir werden in diesem Augenblick zum Zeugen dessen, was es sagt. Das ist eine Evidenz-Erfahrung. Wenn sie sich einstellt, wissen wir, was Nordlicht ist: Es bringt sich in uns zur Anwesenheit.

Der erste Eindruck, den wir vor vielen Jahren vom Nordlicht bekamen, war in einer wolkenlosen Nacht während der

Osterzeit in Norwegen. Es zeigte sich in einer zarten, milchigen Helligkeit, die sich nach und nach zu einem grünlichen Leuchten verdichtete: eine über den ganzen Nordhorizont gelagerte wolkenartige Licht-Erscheinung, durch welche die Sterne wie Diademe hindurchschienen. Es war ein glimmendes, in sich zentriertes Leuchten in grünlich-fahlen Tönen, ohne Eigenstruktur. Ein schwereloses, wundersames Lichtgebilde von großer Innerlichkeit, das aus sich selbst heraus zu kraften schien, eine Weile anwesend blieb und dann langsam verlosch.

Es hinterließ trotz der eisigen Kälte den durchdringenden Eindruck einer zur Wolke verdichteten Wärme.

Abb. 6 Polarlichtbogen

Wenige Tage später wiederholte sich die Erscheinung, zeigte sich in ähnlicher Gestalt, war aber intensiver in ihrem grünlichen Leuchten. Dann trat unerwartet eine Veränderung ein. Das Licht zog sich wie in sich zusammen und bildete über der sich lagernden Lichtwolke zarte senkrechte Lichtstrukturen, die sich rasch veränderten und als ein Aufstrahlen über den ganzen Nordhimmel hin erschien, das aber rasch verlöschen konnte. Anwesend – abwesend, so wechselte diese Erscheinung am Himmel. Auch wenn wir es ein anderes Mal beobachten konnten, wiederholte sich das rätselhafte Aufleuchten und das plötzliche Verlöschen, das Charakteristische aber blieb die Art der strukturierten Strahligkeit, der Lichtbündel über dem ganzen nördlichen Himmel. Ein unvermitteltes Aufglühen, das sich wie aus sich selbst heraus speiste, jedoch nie über längere Zeit am gleichen Ort stehen blieb, sondern sein Licht immerfort über den Himmel weiterreichte. Manchmal leuchteten mitten in einem Lichtbündel unvermutet Rot- oder Grüntöne auf. Diese Erscheinungen konnten als Ganzes wieder verschwinden oder sich in die Lichtwolke der ersten Phase zurückbilden.

Auch nach dieser Phase kann sich am Himmel wieder etwas Neues und Unerwartetes ereignen. Ein leises Weben und Beben beginnt, die Lichterscheinungen zu ergreifen. Die ruhenden Bänder und das stille Leuchten geraten in Bewegung, als ginge der Wind durch sie hin und triebe die Licht- und Farbenschleier zueinander oder auch voneinander weg. Das kann sich zum Eindruck unvermutet aufbrechender, über den Himmel fliegender farbiger Lichtbänder und -wolken steigern. Diese ergreifen das Geschehen: ein geheimnisvolles Wogen zwischen Anziehung und Abstoßung. Manch-

Abb. 7 Sich bildende Lichtstrukturen

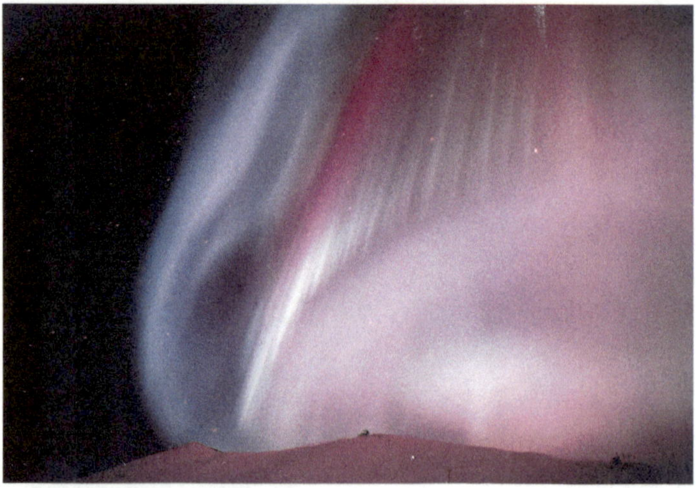

Abb. 8 Strukturiertes Licht

Abb. 9 Entfaltete Strahligkeit

mal verändern sich die Farben unvermittelt, erlöschen oder wechseln einander ab. In dieser Phase dominiert Bewegung: farblich rasch wechselnde Veränderungen, der ganze Himmel erscheint in Aufruhr. Man bleibt angesichts dieser Ereignisse kein unbeteiligter Zuschauer. Jetzt können vermehrt und intensiviert Farben auftreten: von dominantem Gelb über fahle, sich dann aber intensivierende Grün- oder Blautöne bis hin zu einem Rot. Die Bewegung am Himmel wird unterdessen immer stärker, bis die Dynamik das ganze Himmelsrund ergreift (siehe Abbildungen 9–13).

Dann kann es geschehen, dass die Dramatik abklingt und das ganze Himmelsrund sich beruhigt. Dabei bildet sich ein Zentrum heraus. Es liegt fast immer im Zenit und erscheint dem Blick als ein schwarzes Loch. Um dieses Loch herum bilden sich jetzt Strahlen aus, die mit großer Energie dem Umfeld zustreben, in der Gebärde freudevoller, krafterfüllter Initiative, eines im Aufstrahlen sich verwirklichenden Selbstbewusstseins von charismatischer Überzeugungskraft, deren Wirkung ins Umfeld strahlt: Die Korona.

Sie gehört zu den Erscheinungen, die am seltensten auftreten und deshalb nicht häufig beobachtet werden können, dazu meist erst in den fortgeschrittenen Stunden einer Nacht. Oft klingen die Erscheinungen ab, ohne dass man Zeuge davon wird, weil man vielleicht die Kälte nicht mehr aushalten konnte. Wer die Bildung einer Korona aber jemals erlebt hat, vergisst sie sein Leben lang nicht und weiß, dass in ihr die Nordlichtentfaltung einer Nacht ihr Ziel gefunden hat (siehe Abb. 14).

Abb. 10 Farben treten hinzu

Abb. 11 Das Licht wird energischer

Abb. 12 Aufkommende Dynamik

Abb. 13 Die Dynamik steigert sich

Abb. 14 Die Korona

Was man in den Nordlichtnächten erlebt, enthüllt sich einem oft erst im geduldigen Umgehen mit den Erscheinungen und dem Achten auf das, was sich als ihr jeweiliger Nachklang einstellt. Aber plötzlich löst sich das Rätsel, und was vorher ein leises Ahnen war, steht unvermittelt und überraschend als eine klare Erkenntnis da: Ja, es sind vier völlig verschiedene Phasen, und was uns Menschen mit diesen Phasen vor Augen geführt wird, ist die kosmische Imagination von Entwicklung.

Die Bildsprache der Nordlichterscheinungen

> »Wenn der Künstler äußere und innere Augen für die Natur hat, bedankt sie sich bei ihm durch Inspiration.«[64]

Die erste Phase des Nordlichts, die in der Empfindung eines aus sich selbst heraus kraftenden Wollens, einer zur Wolke verdichteten Wärme gipfelt, tritt mir als das Bild der ersten planetarischen Entwicklungsstufe unserer Erde entgegen, das Bild des Alten Saturn.

Rudolf Steiner schildert ihn als die erste planetarische Verkörperungsstufe unserer Erde in urferner Vergangenheit. Es tauchen die Worte Rudolf Steiners auf, wie er es in der *Geheimwissenschaft* schildert: »Die Saturnentwickelung offenbart sich als Wärme.«[65]

Mit dem Bild der ersten planetarischen Entwicklungsstufe trat mir auch das Bild der ersten Phase der Entwicklung eines neugeborenen Kindes entgegen. So fangen die kleinen Kinder ihr Leben an: mit in sich gekehrter, unabgelenkter Innerlichkeit, hingegeben an die Ausbildung und Entfaltung der eigenen Leiblichkeit in einem Seelenklima von Wärme und Willen.

Innerhalb der Weltentwicklung tritt nach dem Saturndasein unseres Planeten und einer Ruhepause eine neue Verkörperung auf. Rudolf Steiner beschreibt sie als die Entwicklungsphase der Alten Sonne, in der hohe geistige Wesenheiten jetzt den Äther- oder Lebensleib in den physischen Leib des Menschenkeimes einströmen lassen und der Mensch damit einen höheren Grad seiner Vollkommenheit erlangt.

»Gleichzeitig treten in den Menschenkeim die ersten Erscheinungen innerer Regsamkeit ein; das Leben beginnt.«[66]

So tritt uns die zweite Phase des Nordlichts entgegen: die lichtvollen, aufrechten Strahlenbündel, immerfort und unablässig Neues beleuchtend. Wer zu dem Gewahrwerden der Phänomene am Himmel die Darstellungen Rudolf Steiners in der *Geheimwissenschaft* hinzunimmt, versteht plötzlich die Sprache der Phänomene und knüpft in sich den Zusammenhang zwischen Weltentwicklung und Nordlichterscheinung.

Auch die zweite Phase des Nordlichts zeigt uns die Verwandtschaft mit der kindlichen Entwicklung. Es ist die Stimmung, die über der Altersstufe von Kindern liegt, die sich in den ersten Jahren ihrer Schulzeit unbefangen den neuen Lerneindrücken hingeben und sich ihnen überlassen mit einer immerfort sich aus sich selbst erneuernden Freude und einem sich immer wieder neu entzündenden, ungeduldigen Interesse, begleitet vom ersten Bewusstwerden objektiver Zusammenhänge sowie vom Bedürfnis, eigentlich die ganze Erde mit all ihren Erscheinungen möglichst genau und umfänglich kennen und auch verstehen zu lernen.

In der dritten Phase des Nordlichts gerät das ruhige Leuchten plötzlich in Bewegung und ergreift das eigene Miterleben. Dynamik zieht in das Geschehen ein. In Bezug auf die Weltentwicklung ist es die Phase, die als die Entwicklung des Alten Mondes bezeichnet wird. Rudolf Steiner schildert, dass die Geister der Bewegung in dieser Zeit der kosmischen Entwicklung der Erde den Astralleib in den Menschenkeim einfügen.

> »Dadurch, dass die ›Geister der Bewegung‹ den Astralleib in das Menschenwesen einströmen lassen, erlangt dieses die ersten seelischen Eigenschaften. Es beginnt, die Vorgänge, welche sich durch den Besitz des Lebensleibes in ihm abspielen und welche während der Sonnenentwicklung noch pflanzenhaft waren, mit Empfindungen zu verfolgen, Lust und Unlust durch sie zu fühlen. Es bleibt aber bei einem wechselvollen inneren Auf- und Abfluten solcher Lust und Unlust.«[67]

Was sich in der kosmischen Entwicklung unserer Erde während der Phase des Alten Mondes ereignet, entspricht in der Nordlichtentfaltung der einsetzenden Dynamisierung des Lichtgeschehens. Innerhalb der Entwicklung der Schüler bringen sich etwa ab der siebten Klasse gleichfalls verwandte Züge zur Geltung: Das Interesse wird plötzlich subjektiv. Es bekommt die Färbung persönlicher Sympathien und Antipathien, verbunden mit dem intensiven Bedürfnis, sich über das Erfahrene und Erlebte mit Gleichaltrigen auszutauschen und sich darin mit ihnen zu messen. Sie lassen einen Schüler jetzt anders auf das schauen, was ihm begegnet und machen ihn unabhängiger vom Urteil Erwachsener. Dafür wird jetzt alles, was ihm in dieser Zeit begegnet, ruck-zuck beurteilt.

Die vierte Nordlichtphase, die Korona, finden wir wieder als Bild der neuen Verkörperungsstufe der Erde. Rudolf Steiners Schilderungen der vierten Entwicklungsphase unserer Erde gipfeln in der Aussage, dass jetzt das Menschenwesen von einem aufdämmernden Ichgefühl ergriffen werde. Das ist, was sich beim Anblick der Korona in die eigene Seele ergießt und was die in der *Geheimwissenschaft* geschilderte

Entwicklung verständlich macht, für die das eigne Gefühl eine glaubwürdige Resonanz bildet.«[68]

Wie bei allen Nordlichtphasen findet auch diese kosmische Entfaltung ihre Entsprechung in der menschlichen Entwicklung. Die Korona trägt uns das Bild entgegen, wie sich Heranwachsende in der letzten Phase ihrer Kindheit und in der beginnenden Jugendzeit bis gegen ihr 18. Lebensjahr hin zu individuellen, ichbewussten Persönlichkeiten heranentwickeln.

Beim Anblick der Korona überrascht dieses kraftvolle Sich-Entfalten und sich im Umfeld Zur-Geltung-Bringen. Das sind die Gebärden des frisch in die Selbstverwirklichung eintretenden Ich, das jetzt unabhängig von Einflüssen des Herkommens und auch der bisherigen Erziehung eigenständig zum Vorschein kommt – in einer die ganze Persönlichkeit offenbarenden Deutlichkeit der individuellen Begabung, der Ideale und der Kompetenz. Sie werden sichtbar in ihrer persönlichkeitsbezogenen Verwirklichung. In der planetarischen Entwicklung ist das die Phase der Entwicklung der Erde.

> »Wenn Ihnen die Natur so erscheint, als wenn sie zu Ihnen spräche, wie wenn sie Ihnen ihre Geheimnisse wirklich mitteilte, wenn Sie das erleben, fangen Sie an, ihre Geheimnisse zu buchstabieren und zu verstehen, was es heißt, imaginative Erkenntnis zu erwerben. Dann kommen Sie dahin, zu verstehen, wie dies im Rosenkreuzertum […] hingestellt worden ist als dem reinsten und schönsten Ausdruck für das Streben nachimaginativer Erkenntnis.«[69]

Naturgesetzlichkeit und soziale Menschenordnung

> »Das Bild der Natur, welches sich dem gewöhnlichen Bewusstsein offenbart, ist sehr verschieden von demjenigen einer sozialen Menschenordnung. Die übersinnlichen Naturkräfte, welche das geistige Bewusstsein kennenlernt, sind aber verwandt dieser sozialen Menschenordnung.«[70]

Dieses Wort erscheint einem zunächst als Rätselwort. Es hängt aber mit zwei wesentlichen Motiven rosenkreuzerischen Strebens zusammen: dem Streben nach einer Wendung der Naturerkenntnis, durch welche die wahre, hinter der äußeren Erscheinung waltende Wirklichkeit dem Erkennen fassbar zu werden beginnt, und der Durchdringung der Erscheinungen des Sozialen mit dem gleichen Anliegen.

Das Tagesbewusstsein erfährt diese beiden Bereiche als zwei voneinander verschiedene Erscheinungszusammenhänge. Steiner macht aber darauf aufmerksam, dass das geistige Bewusstsein übersinnliche Naturkräfte kennenlerne, die den übersinnlichen Kräften einer sozialen Menschenordnung verwandt sind. Das geistige Bewusstsein muss also, will es auf diese Zusammenhänge kommen, sich auf Erscheinungen in der Natur und im Sozialen einlassen, um die Verwandtschaft der beiden Bereiche zu finden.

Soziale Gestaltungen ordnen und regeln das Zusammenleben von Menschen. Sie gehen von Absprachen oder umfangreichen Besprechungsrunden aus und legen Ergebnisse verbindlich fest, die in die Gestaltung der betreffenden Verhältnisse Eingang finden. Diskutiert werden in der Regel *die Ergebnisse* der Beratungen, nicht aber der Vorgang ihres Zustandekommens. Deshalb soll an dieser Stelle der Blick auf den Prozess der Entschlussbildung gerichtet werden. Die Gesetzmäßigkeiten des Vorganges können für das Zustandekommen einer Entscheidung verallgemeinert werden.

Rudolf Steiner spricht von der zunächst rätselvollen Verwandtschaft von Naturgesetzlichkeit und sozialer Menschenordnung. Wir haben uns den Erscheinungen des Nordlichts zugewandt und dabei entdeckt, dass sich in ihnen das Bild von Entwicklungsgesetzmäßigkeiten zeigt. Diese entdeckten Gesetzmäßigkeiten lassen sich auch auf das Zustandekommen von Entschlüssen beziehen. Dabei zeigt sich das Folgende:

Jede zu treffende Entscheidung geht daraus hervor, dass bei denjenigen, welche die Entscheidung auf den Weg bringen sollen, Bedingungen vorausgesetzt werden müssen. Das muss natürlich neben Fach- und Sozialkompetenz für die zu entscheidende Frage auch persönliches Engagement für die Bewältigung der Fragestellung sein. Wenn nur technische, organisatorische, rationale Gesichtspunkte gelten, kommt der Prozess rasch ins Stocken. Ebenso störend sind persönliche Eitelkeiten, sachfremde Rücksichten oder Parteilichkeit. Es kommt auf den in jedem einzelnen Beteiligten vorhandenen Willen an, gemeinsam zu einer angemessenen Entscheidung zu kommen. Es geht um den Entschluss jedes Einzelnen, sich mit seiner Persönlichkeit selbstlos in den Entscheidungsvorgang einzubringen.

Damit sind Wärme und Wille verbunden. Das sind die unserer planetarischen Entwicklung eingepflanzten Kriterien der Saturnnatur.

Dann kommt der zweite Vorgang, über den das Nordlicht uns aufklären kann: Jetzt gilt es, zu einem vorurteilslosen Gewahrwerden dessen zu kommen, was als Tatsachen, die den Entschluss beeinflussen können, vorliegt. Es geht um das Ausleuchten der entscheidungsrelevanten Gegebenheiten. Urteile, die andere über die Sache haben, verderben den Prozess ebenso wie alles voreilige Vorwegnehmen. Diese Phase steht ganz im Licht der Entwicklung unseres Planeten während der Phase der Alten Sonne. Der Blick darauf kann uns in unserem Vorgehen orientieren.

Sozial spannend wird es, wenn jetzt der Austausch persönlicher Meinungen, Sichtweisen und Urteile beginnt. Es kann sich aus dem Prozess ergeben, dass es nun nicht darum geht, sich gegen die anderen durchzusetzen, sondern dem nachzuspüren, was sich eigentlich objektiv verwirklichen will, was sich *in der Gemeinschaft* zur Geltung bringen möchte, nicht nur in der Meinung *eines Einzelnen*. Solange sich die kollegiale Auseinandersetzung in sachlichen Argumenten, dem Abwägen von Für und Wider zivilisiert abspielt, ist diese Phase eine anregende. Schwierig wird es erst, wenn sich in den Prozess verfrühte Entscheidungsempfehlungen oder gar Vorschläge Außenstehender, die den Prozess nicht mitgemacht haben, hereinmischen oder wenn ungeduldige Stimmen den Prozess abkürzen wollen.

Das Interessante dieser Phase ist, den anderen Menschen, das persönliche Gegenüber, wahrzunehmen, auf jede Form verletzender oder anklagender Randbemerkungen zu verzichten und sich an der Argumentation des Anderen möglichst freundschaftlich zu messen. Man kann zwar auf den sich vielleicht zeigenden Gegensatz zu ihm aufmerksam werden, muss aber keine Konsequenzen daraus ziehen. In dieser Phase besteht die Gefahr, dass sich in ihr Sympathien und Antipathien für einen bestimmten Entschluss einmischen. Es ist die dritte Nordlichtphase, die der Entwicklungsphase des Alten Mondes entspricht, in der der Astralleib dem Menschenkeim eingepflanzt wurde.

Wie beim Nordlicht diese Phase irgendwann abklingt und sich jetzt die Korona bildet, so werden nun aus dem Erfahrungsschatz der Einzelnen und ihrer Kompetenz heraus konstruktive Ergebnisse zusammengetragen, die die Grundlage zu einem Entschluss bilden. Solche sorgfältig erarbeiteten Entschlüsse haben die Qualität von Intuitionen.

Die Korona ist die Phase, welche der Erdenstufe in der kosmischen Entwicklung entspricht. Sie ist die Phase, in der das menschliche Ich sich entwickelt.

Wenn man den Nordlichtprozess noch eine Weile vor der Seele behält und ihn nicht nur glücklich in die Koronabildung einmünden lässt, dann kann sich in dem Vorgang zeigen, dass die Entwicklung unserer Erde nicht mit ihrer vierten planetarischen Stufe an ihr Ende gekommen ist. Da kann es geschehen, dass die Korona sich jetzt leiser zur Erscheinung bringt, in sich gekehrter und stiller, dass die strahlige licht- und farbenintensive Entfaltung zu einem stillen Leuchten gewandelt wird, dass sie dabei über die ihr eingeschriebenen Grenzen hinauszuwachsen beginnt und sich in der entstehenden Stille und Leere die Bedürfnisse des Umfeldes deutlicher auszusprechen beginnen. Dass jetzt etwas anfängt, sich zu verwirklichen, das weit in die Zukunft aller Entwicklung weist, um die Erde ihrem Entwicklungsziel entgegen zu führen: zum Planeten des *Ich* zu werden.

Abb. 15 Korona mit zurückgenommener Strahligkeit

9 Drei Inkarnationen des Christian Rosenkreutz

Hiram, der Baumeister des Salomonischen Tempels

Zu den frühen Mitteilungen, die Rudolf Steiner den Mitgliedern der Esoterischen Schule 1904 in Berlin zu Christian Rosenkreutz gegeben hat, gehört die Darstellung des Mysteriums der Rosenkreuzer. Sie enthält die Tempellegende. Diese findet sich im Anhang dieser Schrift.

Rudolf Steiner berichtet zunächst davon, dass Christian Rosenkreutz am Anfang des 15. Jahrhunderts eingeweiht worden sei und nach der Rückkehr von seiner langen Reise eine kleine Schar von Brüdern um sich versammelt habe, um sie für die tieferen Geheimnisse des Mysterienwesens vorzubereiten. Das geschah innerhalb der Bruderschaft der Rosenkreuzer. Ihnen konnten die Geheimnisse der Mysteriengeschichte, der Erschaffung Evas und der Entstehung der beiden großen, seither bestehenden Menschengeschlechter anvertraut werden. Aber noch waren die Geheimnisse eingehüllt in den Mythos der Tempellegende.

Da heißt es etwa: Wir haben es zu tun mit zweierlei Menschengeschlechtern, zwei Menschheitsströmungen. Mit derjenigen, welche durch Salomo repräsentiert, im Besitz göttlicher Weisheit ist, und mit der des Kainsgeschlechts, den Abkömmlingen Kains. Von dem Geschlecht der Kainssöhne stammen alle ab, die auf der Erde Künste und Wissenschaften ins Leben gerufen haben, zum Beispiel Methusael, der die Tau-Schrift erfunden hat, und Tubal-Kain, der die Bearbeitung der Erze und des Eisens lehrte. So entstand in dieser Linie, direkt von einem Elohim abstammend, die Menschheit, die sich in Künsten und Wissenschaften ausbildet.

Aus dem Geschlecht des Kain ging auch Hiram Abiff hervor. Er war der Erbe alles dessen, was innerhalb der verschiedenen Generationen der Kainssöhne an Wissen, Kunst und Technik ausgebildet worden war. Er war der bedeutendste Baukünstler seiner Zeit.

> »Aus der anderen Linie, aus dem Geschlecht des Seth, stammte Salomo, der sich auszeichnete in alledem, was von Jahwe oder Jehova herrührte. Er war ausgestattet mit der Weisheit der Welt, mit alledem, was die ruhige, klare, abgeklärte Weisheit bei den Jehovasöhnen liefern kann. Es war eine Weisheit, die man wohl mit Worten aussprechen kann, die dem Menschen tief ins Herz gehen, ihn erheben kann, aber nicht eine solche, welche das unmittelbare Objekt angreifen und etwas Wirkliches an Technik, Kunst und Wissenschaft hervorbringen kann. Es war eine Weisheit, die eine unmittelbare inspirierte Gabe der Gottheit ist, nicht eine von unten herauf erarbeitete, aus dem Menschenwollen hervorquillende Weisheit. Die fand sich bei den Kainssöhnen, das waren die strengen Arbeiter, die alles selbst erarbeiten wollten.
> Nun beschloss Salomo einen Tempel zu bauen. Er bestellte dazu als Baumeister den Sprössling der Kainssöhne, Hiram.«[71]

Dann schildert Steiner, dass es zwischen Hiram und Salomo zu einer Unstimmigkeit gekommen sei, in deren Folge Salomo gerne etwas gegen Hiram unternommen hätte, ihn aber behalten musste, weil der Tempel noch nicht ganz fertiggestellt war. Es fehlte noch der Guss des Ehernen Meeres, der nur Eingeweihten vorbehalten war. Es sollte Hirams Meisterstück werden. Alle Erzmischungen für den bevorstehenden Guss waren vorbereitet. Hiram hatte aber drei Gesellen, denen er während des Tempelbaus den Meisterbrief versagt hatte, weil er sie für unwürdig befunden hatte. Diese wollten sich rächen und fügten unbemerkt der Masse des Gusses eine nicht dazugehörige Substanz zu, sodass der Guss, als das Eherne Meer gegossen werden sollte, in Flammen aufging. Hiram versuchte vergeblich, das Feuer zu löschen. Er wollte schon verzweifeln. Da erschien ihm Tubal-Kain, einer seiner Vorfahren. Er sagte zu Hiram, er solle sich ruhig ins Feuer stürzen, das Feuer werde ihm nichts anhaben. Als Hiram dies tat, gelangte er zum Mittelpunkt der Erde. Tubal-Kain führte ihn zu Kain, der dort im Zustande seiner ursprünglichen Göttlichkeit war. Hiram wurde nun in das Geheimnis der Feuerschöpfung eingeweiht, in das Geheimnis des Erzgusses. Tubal-Kain übergab ihm einen Hammer und legte ihm ein goldenes Dreieck um den Hals. Hiram kehrte nun zurück und vollendete den Guss ehernen Meeres.

Man muss sich vergegenwärtigen, dass es eine Legende ist, die erzählt wird, kein historischer Bericht. In den Mittelpunkt der Erde zu gelangen, ist eine übersinnliche Erfahrung. Das macht ein Mensch durch, der in diesem Augenblick ganz bei sich ankommt. Es ist das erschütternde Erlebnis des eigenen Ich, des Zentrums des eigenen Selbstbewusstseins. Die beschriebenen Ereignisse weisen Züge auf, welche heutigen Menschen, die an einer schicksalhaften Situation scheitern, vertraut sind. Scheitern ist das Erlebnis völligen Versagens, der eigenen Nichtigkeit. Hiram hatte dabei das übersinnliche Erlebnis, seinem Ahnherrn Tubal-Kain zu begegnen. Der Durchbruch zu einer übersinnlichen Realität kann sich auch bei Menschen unserer Zeit ereignen. Es ist eine Erfahrung, die von einem Todeserlebnis begleitet wird, und gleichzeitig die durchdringende Erfahrung der Realität des Übersinnlichen, die Erfahrung des Überschreitens der Schwelle. Sie führt eine Wende im Leben des Menschen herbei.

Die wahre Dimension des Erlebten braucht sich nicht immer gleich zu enthüllen. Es zeigt sich aber, dass nun ein Raum für das Einwirken eines Übersinnlichen geöffnet ist. Im weiteren Verlauf des Lebens ist ein Weg für etwas Zukünftiges gebahnt. Das kann sich dann im Schicksal entscheidend auswirken.

Bei Hiram ist gerade dieses geschehen: Er kommt, als er sich ins Feuer stürzt, nicht zu Tode, sondern gelangt zum Mittelpunkt der Erde. Dort begegnet er seinem göttlichen Vorfahren Kain und kommt dabei zur übersinnlichen Erfahrung seines Ich.

Der Hammer, den Hiram durch Tubal-Kain überreicht bekam, ist das Bild dafür, dass der Mensch, der den Hammer in seine Hand bekommt, sich von jetzt an aus den Kräften seines eigenen Ich heraus zu führen hat, dass er sich selbst in die Hand bekommen muss und nicht jeder aufflammenden Stimmung, jedem aufschießenden Impuls nachzugeben braucht – eine weit aus der Zukunft hereinwirkende Gabe.

Außerdem bekommt er von Tubal-Kain das Goldene Dreieck. Das ist das Bild dafür, was er sich durch die Gabe des Selbstbewusstseins im Verlauf seines weiteren Lebens erobern muss: die Umwandlung seiner ihm von Natur aus gegebenen Wesensglieder in seine drei übersinnlichen Geistglieder:

1. des Astralleibes zum Geistselbst,
2. des Lebensleibes zum Lebensgeist und
3. des physischen Leibes zum Geistesmenschen.

Diese Umwandlung kann durch nichts anderes eingeleitet werden, als durch den Menschen selbst, durch sein eigenes Ich. Hiram hat es durch den Hammer in die Hand gelegt bekommen, diese Umwandlung anzubahnen.

Wie alle Naturvorgänge um uns von der Sonne abhängen, so hängt im Leben eines Menschen alles von seinem Ich ab. Das Ich des Menschen begründet seine Beziehung zu allen anderen Wesen auf der Erde, die ihm die Entfaltung seines Selbstbewusstseins und die eigene Lebenswirksamkeit ermöglichen, ihn aber auch einengen oder behindern können.

Die Aufgabe unserer Erdenleben ist, das Ich innerhalb der Gegebenheiten der einzelnen Verkörperungen in die Hand zu bekommen und die naturgegebenen Wesensglieder umzuwandeln in die Geistglieder des Gott- und Geistzugehörigen. Diese Aufgabe ist das Entwicklungsziel aller Inkarnationen eines Menschen bis hin zum Erlangen des zeitlosen Lebens. Es ist die Verwirklichung des Goldenen Dreiecks. Im Licht dieser Tatsache sind die weiteren Inkarnationen der Hiramseele zu sehen.

Wenn wir die einzelnen Begebenheiten der Tempellegende an das, was in unserer Zeit lebt, was sich in den Schwierigkeiten der Menschen unserer Tage ans Licht ringen möchte, heranführen, entdecken wir, wie zukunftsvoll sie ist. Wir können ihre Sprache verstehen. Es ist die Sprache der Bewusstseinsseele. Wir können uns ihre Bilder vor die Seele rücken und uns auf sie beziehen. Wir finden darin eine Orientierung für unseren eigenen Entwicklungsweg. Hiram ist zu einem Repräsentanten der Ich-Begabtheit des Menschen geworden.

Lazarus-Johannes, der Jünger Christi und der Schreiber des Johannes-Evangeliums

Hirams Schicksal erfährt seine Fortsetzung im Leben des Lazarus zu der Zeit, als Christus, aus kosmischen Höhen herabsteigend, Mensch geworden ist.

Hiram wird, nach den Erkenntnissen, die Rudolf Steiner aus der Akasha-Chronik übermittelt hat, um die Zeitenwende in Bethanien als Lazarus wiedergeboren. Wir hören von ihm erstmals im Matthäus- und im Markusevangelium.

Da heißt es bei Matthäus im 19. Kapitel, dass ein reicher Jüngling an Jesus herantrat mit der Frage: Meister, was muss ich tun, um das zeitlose Leben zu erlangen? Worauf er von Jesus die Antwort erhält, wenn er Zugang finden wolle zum wahren Leben, so solle er die Gebote beherzigen. Und er zählt sie ihm auf. Der Jüngling sagt: Das habe ich alles von Jugend an befolgt, was fehlt mir noch?

Bei Markus im 10. Kapitel wird diese Begegnung fast wörtlich geschildert. Nach der Äußerung des Fragenden, die Gebote habe er alle befolgt, folgt bei Markus: »Da blickte Jesus ihn an, er musste ihn lieben …« (Mk 10,21)

Ein kleiner Satz – aber so wesentlich. Dieser kleine Satz enthüllt uns die Identität des Reichen Jünglings. Denn im Fortgang der Evangelien erfahren wir, dass das Wort vom Jünger, den der Herr lieb hat, sich immer auf Johannes, den Schreiber des Johannes-Evangeliums und den Verfasser der Apokalypse bezieht.

Aus diesem Grund ist davon auszugehen, dass der Reiche Jüngling Lazarus von Bethanien ist, der dann von Christus mit dem Wort auferweckt wird: »Lazarus komm heraus« (Joh 11,42).

Christus selbst ruft den gewandelten, im Tod erneuerten Menschen aus dem Grab heraus, Johannes Lazarus, der jetzt sein Jünger wird und ihm aus den Erneuerungsimpulsen des Christus selbst nachfolgen kann. Er hat im Durchgang durch den Tod das Göttliche in sich, in der Nachfolge Christi, gefunden. Das ist die Verbindung des eigenen Ich mit dem Welten-Ich.

Matthäus und Markus fahren in ihren Berichten von der Begegnung des Reichen Jünglings mit Christus mit fast gleichlautenden Worten fort.

Bei Markus heißt es:

»Da blickte Jesus ihn an, er musste ihn lieben und sprach zu ihm: Eines fehlt dir noch. Geh hin und verkaufe alles, was du hast, und gib den Erlös den Armen. Du wirst dafür einen Schatz in den geistigen Welten gewinnen. Und dann komm und folge mir nach!« (Mk 10,21)

Matthäus schreibt:

> »Willst Du das hohe Ziel erreichen, so geh und verkaufe deine Habe und gib den Erlös den Armen. Dadurch wirst du dir in den Himmeln einen Schatz erwerben. Und dann komm und folge mir nach!« (Mt 19,21)

Mit dem Verkauf der Habe ist darauf hingedeutet, dass es sich dabei nicht um äußere Güter handelt, sondern um die drei Wesensglieder in ihrer Naturgegebenheit, die damals noch jedem Menschen von den Göttern in seine Inkarnation mitgegeben wurden als seine Habe. Jetzt aber, nachdem der Christus, das Welten-Ich, auf die Erde gekommen und Mensch geworden ist, hat sich das gewandelt: Von diesem Zeitpunkt an liegt es in der Hand des Menschen, nicht mehr innerhalb seiner Naturgegebenheiten zu verbleiben; denn von jetzt an drohen sie, ihn zu fesseln und in Abhängigkeiten zu bringen.

In beiden Evangelien wird dann davon berichtet, dass Jesus die Begegnung mit dem Reichen Jüngling seinen Jüngern erzählt. Diese erschrecken und fragen sich, wer denn überhaupt das Heil finden könne. Jesus bestätigt ihnen zunächst, dass sie mit dieser Äußerung recht haben. Er blickt empor und sieht, wie eingefangen die Menschen von ihrem Persönlichen sind und dass es dem Menschlichen allein nicht gelingen kann, daraus den Anschluss an das zeitlose Leben zu gewinnen. Das liegt in dem Wort Jesu zu seinen Jüngern: »Dem Menschlichen ist es unmöglich« (Mt 19,26)

Die Begegnung hat aber erst mit dem Wort Jesu von der Nachfolge ihren Abschluss gefunden: »Willst du das hohe Ziel erreichen, so gehe, verkaufe deine Habe, und dann komm und folge mir nach.«

Mit »Nachfolge« ist hier nichts Äußerliches bezeichnet, sondern es bedeutet, dass Christus selbst im Ich des Menschen anwesend wird. Er kann von jetzt an vom Menschen im eigenen Ätherleib, in seinem ganzen Lebensgefüge, seinem Atem und seiner Blutzirkulation, in seinem Herzens-Lungenschlage und in seinem Gemüt, seinem Denken, Fühlen und Wollen wahrgenommen und innerlich erlebt werden. Darüber wird das Göttliche im Menschen wirksam. Und deshalb kann Jesus zu seinen Jüngern sagen:

»Dem Göttlichen in euch ist alles möglich.«

Diese Tatsache ist die Botschaft des Evangeliums. Aus dieser Stelle der beiden Evangelien lässt sich der Anschluss der Hiram-Seele an eine zukünftige Inkarnation, die auf ihre Johannes-Lazarus-Inkarnation folgt, für uns heute nachvollziehen: die Inkarnation des Christian Rosenkreutz zur Zeit des Beginns des Bewusstseinsseelen-Zeitalters.

Christian Rosenkreutz und das Goldene Dreieck

Wir haben in dem genannten Vortrag vom Mysterium der Rosenkreuzer über die Bruderschaft gehört, die sich um Christian Rosenkreutz geschart hatte. In seinem Nachlass finden seine Schüler ein Vermächtnis, und dieses enthält Angaben darüber, wie ein Mensch sein Menschheitsziel erreichen kann. Es ist die Arbeit an den eigenen Wesensgliedern, durch die der Mensch das Göttliche in sich zur Entfaltung bringen kann, indem er sich aus der Leibgebundenheit und Leibabhängigkeit befreit: Dazu muss er mit Hilfe des Hammers, der Hiram übergeben wurde, den Zugriff auf seine drei Wesensglieder, den Astralleib, den Ätherleib und den physischen Leib bekommen und die Arbeit an der Umwandlung dieser drei Wesensglieder zu den drei Geistgliedern aufnehmen.

Der Priester Johannes Wilhelm Gädeke hat den Nachlass sorgfältig übersetzt, beschrieben und gedeutet. Er schreibt:

> »Sie (die Schüler des Christian Rosenkreutz) berichten 1614 öffentlich in ihrer Schrift *Fama Fraternitatis* von ihrer Auffindung des geistigen Nachlasses des Christian Rosenkreutz, dessen Lebensgang sie 1378 beginnen und 1484 enden sehen. In seinem Nachlass stoßen sie auf den Hinweis, dass er in der Gestalt des Jesu von Nazareth den Inbegriff seiner Menschen- und Welterkenntnis gesehen hat. Er sagt: ›Jesus mihi omnia‹, übersetzt etwa: ›In Jesus ist für mich alles enthalten, was ich gesucht habe.‹
> Und dann folgt die Zielsetzung für das an Jesus ausgerichtete Streben in vier Schlüsselworten. Er hat in der Betrachtung Jesu vier Eigentümlichkeiten an dessen Persönlichkeit erkannt, die nach ihm zur Arbeit der Menschen an sich selbst anregen können.
>
> Die erste Eigentümlichkeit betrifft die Verfassung seines physischen Leibes. Sie wird charakterisiert mit dem Rätselwort: ›Nequaquam vacuum‹, was so viel heißt wie: ›In keiner Weise unerfüllt‹ oder ›Niemals inhaltsleer‹. Der Leib bedarf der Geistesgegenwart, jedes Vakuum, jeder Leerlauf gegenüber dem höheren Menschenwesen verdirbt ihn. Der Mensch selber muss dafür sorgen, in jedem Wachzustand, dass sein Leib aufrechterhalten wird von

den Kräften seines seelisch-geistigen Wesens. Jedes Vakuum, jede sinnlos verbrachte Stunde, saugt menschenfremde Geistigkeit an, die den Leib nach ihrem Bedarfe umformt. Jede Sucht hat ihn sich gefügig gemacht, in dem Augenblick, als der Mensch sich gehen gelassen hat. Das darf nicht zugelassen werden, wenn das an Jesus erkannte Menschentum erstrebt wird.

Die zweite Eigentümlichkeit entwickelt sich dadurch, dass der Mensch seine Lebenskräfte, seine natürlichen Handlungsantriebe, seine Gewohnheiten, all das Automatische in seinem Sprechen, in seinem täglichen Tun und Denken dahin bringt, wo sie sich den höheren Zielen des Menschen unterordnen, wo sie dienlich werden für die Absichten des Geistes. Das Kennwort in der Fama lautet: ›Legis jugum‹, was etwa heißt: ›Unter dem Joch des Gesetzes‹ oder besser: ›Geleitet von der Weltordnung‹. Unsere Einfügung in die Menschenordnung ist ein daher genommenes Ideal.

Das dritte Kennwort des Rosenkreuzers für das neuzeitliche Erstreben der Aufnahmefähigkeit des Menschen gegenüber dem Göttlichen lautet: ›Libertas Evangelii‹, und betrifft die Seelenverfassung, die herbeigeführt werden muss, wenn das Evangelium im Menschen zum Wirken kommen, wenn es sich frei und ungehindert im Herzen zur Geltung bringen soll. Aller astralische Zwang, jede Leidenschaft, jede Egomanie machen die Offenheit für das Evangelium für die Ankündigung des Christus zunichte. Wir sollen diese ›Freiheit für das Evangelium‹, diese unbefangene Zugänglichkeit für das Wort vom Geist suchen. [...]

Und das vierte Kennzeichen des für Christus offenen Menschen, der in Jesus erkennbar ist, wird angeführt mit dem Wort: ›Dei gloria intacta‹, ›Die unbeschädigte Offenbarung Gottes‹. – Seit das Ich durch den Sündenfall in die Turbulenzen des astralischen Wesensgliedes hereingerissen worden ist, kann es die Ebenbildlichkeit seiner Uranlage nicht mehr offenbaren. Erst in der Imitatio des Jesus-Ich kann es die Kräfte finden, die es zur unbehinderten Offenbarung der Gottheit in ihm fähig machen können. Christan Rosenkreutz, der diese Kräfte auf seinem über hundertjährigen Geistesweg gefunden hat, wird darum genannt ›Das der Brust Jesu eingepflanzte Samenkorn‹. Und die Seinen sagten von ihm: ›Er war unser geliebtester Vater, unser sanftester Bruder, unser treuester Meister und unser lauterster Freund.‹ [...]

Der Nachlass der Christian Rosenkreutz, wie er in der *Fama* als Grabstätte gezeichnet ist, nennt zu Anfang die Arbeit an den vier Wesensgliedern des Menschen, die der Bewusstseinsseele möglich und lernbar ist, und er klingt aus in das Wort von der göttlichen Begabung, die dieser Arbeit entgegenkommt und das Rudolf Steiner mit leiser Hand auf den heutigen Klang gebracht hat. 1614 hieß es: ›Ex deo nascimur, in Christo morimur, per spiritum reviviscimus.‹ Heute kann in neuer Art in Jesus der Christus werden, und heute kann durch die inzwischen entwickelte Wissenschaft das Unheilträchtige und das Heiltragende im Geist auseinander gehalten werden: Per spiritum sanctum.«

Wie bei mangelndem Zugriff des Ich auf den physischen Leib sich die Gefahr ergeben kann, dass dieses aus dem Leib herausgedrängt wird, wie beim Ätherleib Wahrheit, Gerechtigkeit und Liebe die Verhältnisse zum Positiven ändern können, so beim Astralleib der Zugriff auf die eigene Seelenhaftigkeit, die Sympathien und Antipathien, auf Kritiksucht und Egoismus.

Sympathie und Antipathie sind für das eigene Urteil einer Sache gegenüber schwer zu eliminieren. Denn meistens fühlt man ihre Berechtigung und ist von der Richtigkeit der eigenen Sichtweise überzeugt. Deshalb bleibt man in der Regel Gegengründen gegenüber relativ taub. Aber es kann sich ergeben, dass man einmal die Erfahrung macht, dass Sympathie und Antipathie die Eigenart haben, sich gegen den andern zu wenden, ihn nicht zu Wort kommen zu lassen, für ihn blind zu bleiben.

Wenn es aber gelingt, die von Natur aus innige Verbindung mit dem eigenen Fühlen zu lockern, und stattdessen zu versuchen, das eigene Fühlen zu einem Hinfühlen zu verwandeln, gerät der Andere ins Visier und fängt oft unerwartet an, sich in einem auszusprechen. Dann wird er auf neue Weise erkennbar. Diese Art, die Perspektive zu wechseln, haben wir bereits in dem Kapitel über das Jessefenster beschrieben. Sie führt wahrhaft in die geistige Welt hinein.

Es ist die Wendung des Willens, auf die es heute ankommt, die den Menschen der Zukunft entgegenführt. Das bildet den Astralleib um zum Geistselbst, den Ätherleib zum Lebensgeist, den physischen Leib zum Geistesmenschen.

Die Geisteswissenschaft Rudolf Steiners liegt heute in einem mehr als 400 Bände umfassenden Werk vor, das öffentlich zugänglich ist.

Über das Studium der Geisteswissenschaft lernt der Mensch, sich in die Inhalte einzuleben, über die er neue Ideen und Begriffe kennenlernt und in sich aufnimmt. Je intimer er sie studiert und in seinen eigenen Lebensverhältnissen aufspürt und verifiziert, desto tiefere Zusammenhänge erschließen sich ihm, aus denen heraus er Impulse gewinnt, sich in Aufgaben einzubringen, die die Gegenwart an ihn stellt. Dabei kann ihn der Weg von den Ansätzen einer Individualisierung der geisteswissenschaftlichen Inhalte dahin führen, dass für ihn die Ideen nicht denkend bleiben, sondern ihm neue Erkenntnisse ermöglichen. Das liegt dem Wort Rudolf Steiners aus den Leitsätzen zugrunde:

> »Von der Tatsache, dass die Ideen des Menschen nicht denkend bleiben, sondern im Denken sehend werden, hängt unermesslich viel ab.«[72]

Von den ersten Jahren des 20. Jahrhunderts an hat der anthroposophische Kulturimpuls Bedeutung für die Entfaltung des öffentlich-zivilisatorischen Lebens gewonnen. Er kann sich aber nur weiterentwickeln, wenn die Ideen nicht denkend bleiben, sondern zunächst über die individuelle Seelenarbeit eines Menschen im Denken sehend werden. Wenn das geschieht, gestaltet sich das Verhältnis des Menschen zur Welt um.

Auf diese Entwicklungsmöglichkeit des individuellen Menschen baut Rudolf Steiner die Allgemeine Anthroposophische Gesellschaft auf. Die Menschenseele wird in den drei machtvollen Strophen des Grundsteinspruches dazu aufgefordert, ihr individuelles Verhältnis zur geistigen Welt neu zu begründen und in der vierten Strophe sich an den Christusimpuls anzuschließen. Mit den Worten der dritten Strophe schließt Rudolf Steiner den Menschen an die in seinem Denken aufleuchtenden Götterziele an, durch die sich die Motive seines Wollens aus der eigenen Willkür und der Beliebigkeit des Persönlichen befreien und empfänglich werden für das Weltenwesenslicht, das die ew'gen Götterziele dem eigenen Ich zu freiem Wollen schenken. Über diese Arbeit ringt sich heute die Bewusstseinsseele des Menschen ans Licht.

Übe Geist-Erschauen
In Gedankenruhe,
Wo die ew'gen Götterziele
Welten-Wesens-Licht
Dem eignen Ich
Zu freiem Wollen
Schenken …

Die zweite Strophe schließt das Fühlen des Menschen an das Welten-Ich an:

Übe Geist-Besinnen
Im Seelengleichgewichte,
Wo die wogenden
Welten-Werde-Taten

Das eigne Ich
Dem Welten-Ich
Vereinen …

Und die erste Strophe bringt dem Menschen die Tatsache zum Bewusstsein, dass er ein Ich ist, und dass dieses Ich sich nicht aus sich selbst heraus erneuert, sondern seine Existenz dadurch gewinnt, dass es im Gottes-Ich erweset, und dass er diesen Anschluss suchen muss.

Übe Geist-Erinnern
In Seelentiefen,
Wo im waltenden
Weltenschöpfer-Sein
Das eigne Ich
Im Gottes-Ich
Erweset … [73]

In dieser Strophe finden wir das Zentrum des Ich-Bewusstseins. Wenn der Mittelpunkt der Erde in Rudolf Steiners Ausführungen auftaucht, ist – meiner Wahrnehmung nach – damit immer das Zentrum des Menschen, sein Ich-Zentrum, das Innerste seines Selbstbewusstseins angesprochen.

Tubal-Kain, der Hiram zum Erdenmittelpunkt geleitet hat, ist ein Vorfahr Hirams, Kain ist ein Elohim von erhabener Göttlichkeit, sein Ahnherr. Rudolf Steiner sagt in der *Tempel-Legende*: »Wir haben es also bei Kain mit einem unmittelbaren Göttersohn zu tun.«[74]

Hiram schaut in Tubal-Kain und Kain seine eigene Vergangenheit und erfährt darüber das Geist-Erinnern in Seelentiefen: Im Erdmittelpunkt trifft er Kain im Zustand seiner ursprünglichen Göttlichkeit und bekommt den Hammer. Sein eigenes Ich erwest im Gottes-Ich Kains.

Wir finden in dieser Strophe des Grundsteinspruchs die menschheitliche Situation der Inbesitznahme des eigenen Ich durch Hiram geschildert und erkennen Hiram als den ursprünglichen ersten Verwirklicher dieser Strophe.

Die zweite Strophe des Grundsteinsspruches fordert die Menschenseele auf, Geist-Besinnen im Seelengleichgewichte zu üben.

Wo die wogenden
Welten-Werde-Taten
Das eigne Ich
Dem Welten-Ich vereinen …

Jetzt kann uns ein tieferes Verständnis dieser Strophe aufleuchten. Sie lässt sich auf die von Rudolf Steiner beschriebene frühere Inkarnation des Christian Rosenkreutz beziehen. Nachdem Christus den Reichen Jüngling aufgefordert hat, seine Habe zu verkaufen und ihm nachzufolgen, wird Lazarus sein Jünger. Als er beim letzten Abendmahl an Christi Brust lag, gelangte er über sein Miterleben des Fühlens Christi zu einem unmittelbar fühlenden Gewahrwerden der wogenden Welten-Werde-Taten. Er hat das eigne Ich dem Welten-Ich vereint.

In der dritten Strophe spricht Rudolf Steiner das Geist-Erschauen an, die wichtigste, in der Zukunft vom heutigen Menschen zu erobernde Fähigkeit, die schon in dem Wort »dass die Ideen sehend werden« aus den Leitsätzen anklingt.

Wenn unser Ahnen für die wirksamen Götterziele zum Bewusstsein erwacht, gelangen wir zu neuen Impulsen unseres Wollens, die nicht aus unseren persönlichen Motiven hervorgehen. Sie gehen dann aus dem inneren Zusammenhang mit den Götterzielen hervor. Diese schenken ihr Welten-Wesens-Licht dem eigenen Ich zu freiem Wollen.

In allen drei Strophen des Grundsteinspruchs leuchtet die Gestalt und das Wesen des Christian Rosenkreutz auf. Wir können ihn, uns vorangehend, als den Verwirklicher des Grundsteinspruchs erkennen.

Anhang

Der Grundsteinlegungsspruch

Menschenseele!
Du lebest in den Gliedern,
Die dich durch die Raumeswelt
In das Geistesmeereswesen tragen:
Übe Geist-Erinnern
In Seelentiefen,
Wo in waltendem
Weltenschöpfer-Sein
Das eigne Ich
Im Gottes-Ich
Erweset;
Und du wirst wahrhaft leben
Im Menschen-Welten-Wesen.

Denn es waltet der Vater-Geist der Höhen
In den Weltentiefen Sein-erzeugend:
Ihr Kräfte-Geister
Lasset aus den Höhen erklingen,
Was in den Tiefen das Echo findet;
Dieses spricht:
Aus dem Göttlichen weset die Menschheit.
Das hören die Geister in Ost, West, Nord, Süd:
Menschen mögen es hören.

Menschenseele!
Du lebest in dem Herzens-Lungen-Schlage,
Der dich durch den Zeitenrhythmus
In's eigne Seelenwesensfühlen leitet:
Übe Geist-Besinnen
Im Seelengleichgewichte,
Wo die wogenden
Welten-Werde-Taten
Das eigne Ich
Dem Welten-Ich
Vereinen;
Und du wirst wahrhaft fühlen
Im Menschen-Seelen-Wirken.

Denn es waltet der Christus-Wille im Umkreis
In den Weltenrhythmen Seelen-begnadend:
Ihr Lichtes-Geister
Lasset vom Osten befeuern,
Was durch den Westen sich formet;
Dieses spricht:
In dem Christus wird Leben der Tod.
Das hören die Geister in Ost, West, Nord, Süd:
Menschen mögen es hören.

Menschenseele!
Du lebest im ruhenden Haupte,
Das dir aus Ewigkeitsgründen
Die Weltgedanken erschließet:
Übe Geist-Erschauen
In Gedanken-Ruhe,
Wo die ew'gen Götterziele

Welten-Wesens-Licht
Dem eignen Ich
Zu freiem Wollen
Schenken;
Und Du wirst wahrhaft denken
In Menschen-Geistes-Gründen.

Denn es walten des Geistes-Weltgedanken
Im Weltenwesen Licht-erflehend.
Ihr Seelen-Geister
Lasset aus den Tiefen erbitten,
Was in den Höhen erhöret wird:
Dieses spricht:
In des Geistes Weltgedanken erwachet die Seele.
Das hören die Geister in Ost, West, Nord, Süd:
Menschen mögen es hören.

In der Zeitenwende
Trat das Welten-Geistes-Licht
In den irdischen Wesenstrom;
Nacht-Dunkel
Hatte ausgewaltet;
Taghelles Licht
Erstrahlte in Menschenseelen;
Licht,
Das erwärmet
Die armen Hirtenherzen;
Licht,
Das erleuchtet
Die weisen Königshäupter.

Göttliches Licht,
Christus-Sonne
Erwärme
Unsere Herzen;
Erleuchte
Unsere Häupter;

Dass gut werde,
Was wir
Aus Herzen gründen,
Was wir
Aus Häuptern
Zielvoll führen wollen.
Wollen.[75]

Die Tempellegende

Es gab eine Zeit, da schuf einer der Elohim den Menschen; einen Menschen, den er Eva nannte. Mit Eva verband sich der Elohim selbst und es wurde von Eva Kain geboren. Darauf schuf der Elohim Jahve oder Jehova den Adam. Adam verband sich ebenfalls mit Eva und aus dieser Ehe ging Abel hervor.

Wir haben es also bei Kain mit einem unmittelbaren Göttersohn zu tun und bei Abel mit einem Sprössling, des als Mensch geschaffenen Adam und der Eva. Nun geht der Mythus weiter.

Die Opfergaben, welche Abel dem Gotte Jahve darbrachte, waren dem Gotte angenehm. Aber die Opfergaben des Kain nicht, denn Kain war nicht auf direktes Geheiß von Jahve entstanden. Die Folge davon war, dass Kain den Brudermord beging. Er erschlug Abel. Deshalb wurde er von der Gemeinschaft mit Jahve ausgeschlossen. Er ging in entfernte Gegenden und wurde dort der Stammvater eines eigenen Geschlechts.

Adam verband sich weiterhin mit Eva und zum Ersatz von Abel wurde Seth geboren, der auch in der Bibel vorkommt. So entstanden zwei Menschengeschlechter: das erste von Eva und dem Elohim abstammend, das Geschlecht Kains; und das zweite von den bloßen Menschen abstammend, die auf Geheiß des Jahve sich verbunden haben.

Von dem Geschlecht des Kain stammen alle ab, die auf der Erde Künste und Wissenschaften ins Leben gerufen haben, zum Beispiel Methusael, der die Schrift, die Tau-Schrift erfunden hat und Tubal-Kain, der die Bearbeitung der Erze und des Eisens lehrte. So entstand in dieser Linie, direkt von dem Elohim abstammend, die Menschheit, die sich in Künsten und Wissenschaften ausbildet.

Aus diesem Geschlecht des Kains ging auch hervor Hiram. Der war der Erbe alles dessen, was innerhalb der verschiedenen Generationen der Kainssöhne an Wissen, Kunst und Technik aufgespeichert worden war. Hiram war der bedeutendste Baukünstler, den man sich denken kann.

Aus der anderen Linie, aus dem Geschlechte Seths stammte Salomo, der sich auszeichnete in alledem, was von Jahve oder Jehova herrührte. Er war ausgestattet mit der Weisheit der Welt, mit alledem, was die ruhige, klare, abgeklärte Weisheit bei den Jehovasöhnen liefern kann. Dies war eine Weisheit, die man wohl mit Worten aussprechen kann, die dem Menschen tief ins Herz gehen, ihn erheben kann, aber nicht eine solche, welche das unmittelbare Objekt angreifen und etwas Wirkliches an Technik, Kunst und Wissenschaft hervorbringen kann. Es war eine Weisheit, die eine unmittelbare inspirierte Gabe des Gottes ist, nicht eine von unten herausgearbeitete, aus der menschlichen Leidenschaft, aus dem Menschenwollen hervorquillende Weisheit. Die fand sich bei den Kainssöhnen, bei denen, die unmittelbar von dem anderen Elohim abstammten. Das waren die strengen Arbeiter, die alles selbst erarbeiten wollten.

Nun beschloss Salomo, einen Tempel zu bauen. Er bestellte dazu als Baumeister den Sprössling der Kainssöhne: Hiram. Es war zu der Zeit, da die Königin von Saba, Balkis, nach Jerusalem kam, weil sie von dem weisen Salomo gehört hatte. Und sie war in der Tat, als sie ankam, entzückt von der erhabenen, klaren Weisheit und Schönheit des Salomo. Er warb um sie und erlangte auch ihr Jawort. Da hörte diese Königin von Saba auch von dem Tempelbau. Nun wollte sie auch den Baumeister Hiram kennenlernen. Als sie ihn sah, machte sein bloßer Blick auf sie einen ungeheuren Eindruck und nahm sie ganz gefangen.

Nun entspann sich etwas wie Eifersuchtsstimmung zwischen Hiram und dem weisen Salomo. Die Folge davon war, dass Salomo gern etwas gegen Hiram getan hätte; aber er musste ihn behalten, damit der Tempel fertig gebaut werden konnte.

Es kam nun folgendes. Der Tempel war bis zu einer ganz bestimmten Stufe fertig. Nur eines fehlte noch, was das Meisterstück des Hiram sein sollte: nämlich das Eherne Meer. Dieses Meisterstück Hirams sollte darstellen den Ozean, in Erz gegossen, und den Tempel schmücken. Alle Erzmischungen waren in wunderbarer Weise von Hiram veranlagt worden und alles war zu dem Guss vorbereitet. Nun machten sich aber drei Gesellen ans Werk, die Hiram beim Tempelbau für unfähig befunden hatte, zu Meistern ernannt zu werden. Sie hatten ihm deshalb Rache geschworen und wollten die Ausführung des Ehernen Meeres verhindern. Ein Freund Hirams, der davon erfuhr, teilte Salomo diesen Plan der Gesellen mit, damit er ihn vereiteln würde. Aber Salomo ließ aus Eifersucht gegen Hiram der Sache ihren Lauf, weil er Hiram verderben wollte. Die Folge war, dass Hiram zusehen musste, wie der ganze Guss zerstob, weil die drei Gesellen einen ungehörigen Stoff der Masse zugefügt hatten. Er versuchte noch durch Zugießen von Wasser das aufschäumende Feuer zu löschen, aber es wurde dadurch nur schlimmer. Während er schon nahe daran war, an dem Zustandekommen des Werkes zu verzweifeln, erschien ihm Tubal-Kain selbst, einer seiner Ahnherren. Dieser sagte ihm, er solle sich ruhig in das Feuer hineinstürzen, er sei durch das Feuer nicht verwundbar. Hiram tat es und gelangte bis zum Mittelpunkt der Erde. Tubal-Kain führte ihn zu Kain, der dort im Zustande der ursprünglichen Göttlichkeit war. Hiram wurde nun in das Geheimnis der Feuerschöpfung eingeweiht, in das Geheimnis des Erzgusses und so weiter. Er erhielt von Tubal-Kain noch einen Hammer und ein Goldenes Dreieck, das er am Halse zu tragen habe. Dann kehrte er zurück und war nun imstande, das Eherne Meer wirklich herzustellen, den Guss wieder in Ordnung zu bringen.

Hierauf gewinnt Hiram die Hand der Königin von Saba. Er aber wird von den drei Gesellen überfallen und getötet. Doch ehe er starb, gelang es ihm noch, das Goldene Dreieck in einen Brunnen zu werfen. Als man nun nicht weiß, wo Hiram ist, wird er gesucht. Salomo selbst ist ängstlich und will hinter die Sache kommen. Man fürchtete, die drei Gesellen könnten das alte Meisterwort verraten und es wurde daher ein neues verabredet. Die ersten Worte, die fallen, wenn man Hiram wieder findet, sollten das neue Meisterwort sein. Als Hiram nun aufgefunden wurde, konnte er noch einige Worte sprechen. Er sagte: Tubal-Kain hat mir verheißen, dass ich einen Sohn haben werde, der viele Söhne haben wird, die die Erde bevölkern und mein Werk – den Tempelbau – zu Ende führen werden. Dann bezeichnete er noch den Ort, wo das Goldene Dreieck zu finden sei. Es wurde zu dem Ehernen Meer gebracht und beide an einem besonderen Ort des Tempels, im Allerheiligsten, aufbewahrt. Sie können nur von denen gefunden werden, die Verständnis dafür haben, was diese ganze Tempellegende von dem Tempel des Salomo und seinem Baumeister Hiram zu bedeuten hat.«[76]

Quellenverzeichnis

Andreä, Valentin: *Fama Fraternitatis* oder die Brüderschaft des hochlöblichen Ordens des C.R., an die Häupter, Stände und Gelehrten Europae, 1614.

Ders.: *Confessio Fraternitatis* oder Bekenntnis der löblichen Brüderschaft des hochgeehrten Rosencreutzes, an die Gelehrten Europae, 1615.

Ders.: *Die Chymische Hochzeit Christiani Rosencreutz Anno 1459*, Straßburg 1616.

Baan, Bastian: Valentin Andreä: *Die Chymische Hochzeit des Christian Rosenkreutz*, gedeutet und kommentiert, Stuttgart 2001.

Bock, Emil, Übersetzung: Das Neue Testament, Stuttgart 1982.

Diekmann, Malte: *Der Kreis der Mysterienströmungen*. Sammatz 2005.

Gädeke, Johannes Wilhelm: *Zur Fama Fraternitatis*, aus dem Nachlass von J.W. Gädeke,

Privatarchiv von Rudolf Gädeke, München.

Goethe, J.W. von: *Werke*, Hamburger Ausgabe in 14 Bänden hrsg. von Erich Trunz, München 1981, Bd. 13, S. 40.

Goethe, J. W. von: »Bedeutende Fördernis durch ein einziges geistreiches Wort«, in:

Theoretische Schriften, S. 386. Erstdruck; in: Zur Morphologie, 2. Bd., 1. Teil, Stuttgart 1823.

Goethe, J. W. von: *Goethes Gespräche mit Eckermann*. Leipzig 1950.

Haid, Christiane: *Die Rosenkreuzmeditation*. Basel 2013.

Haid, Christiane; Klünker, Wolf-Ulrich; Oltmann, Mechthild: Johannes-Lazarus, die Geistselbstberührung des Ich. Dornach 2016.
Heyer, Karl: *Geschichtsimpulse des Rosenkreuzertums*. Basel 2004.
Kandinsky, Wassily und Franz Marc: *Der Blaue Reiter*. München 1912, neu herausgegeben von Klaus Lankeit, München 1965.
Kandinsky, Wassily: *Essays über Kunst und Künstler*. Bern 1973.
Kranich, Ernst Michael: *Anthropologische Grundlagen der Waldorfpädagogik*. Stuttgart 1999.
Ders.: *Pflanzen als Bilder der Seelenwelt*. Stuttgart 1993.
Krause-Zimmer, Hella: *Christian Rosenkreutz – Sich kreuzende Lebenswege*. Dornach 2009.
Libeskind, Daniel: *Entwürfe meines Lebens, Autobiografie*. München 2006.
Lierl, Karl / Roder, Florian, (Hg.): *Anthroposophie wird Kunst. Der Münchner Kongress 1907 und die Gegenwart*. München 2005.
Neider, Andreas: *Anthroposophie und Rosenkreuzertum*. Dornach 2007.
Novalis: *Werke*. Hrsg. von Gerhard Schulz, Bd. 2, S. 332, Nummer 96, München 1987.
Plato, Bodo von (Hg.): *Anthroposophie im 20. Jahrhundert. Ein Kulturimpuls in biografischen Porträts*. Dornach 2003.
Regenstreif, Paul: *Christian Rosenkreutz und seine Mission*. Freiburg 1977.
Rittelmeyer, Friedrich: *Meine Lebensbegegnung mit Rudolf Steiner*, Stuttgart 2015.
Sease, Virginia: *Rudolf Steiners Versuch einer Stiftung für theosophische Art und Kunst – 15. Dezember 1911. Eine Betrachtung nach 100 Jahren*. Dornach 2011.
Selawry, Alla: *Ehrenfried Pfeiffer*. Dornach 1987.
Selg, Peter: *Rudolf Steiner und Christian Rosenkreutz*, Arlesheim 2010.

Wiesberger, Hella: *Rudolf Steiners esoterische Lehrtätigkeit.* Dornach 1997.

Erwähnte und zitierte Bände der Rudolf Steiner-Gesamtausgabe (GA), Dornach:

GA 1: Einleitungen zu Goethes Naturwissenschaftlichen Schriften
GA 2: Grundlinien einer Erkenntnistheorie der Goethe'schen Weltanschauung
GA 3: Wahrheit und Wissenschaft
GA 10: Wie erlangt man Erkenntnisse der höheren Welten
GA 13: Die Geheimwissenschaft im Umriss
GA 20: Vom Menschenrätsel
GA 26: Anthroposophische Leitsätze
GA 28: Mein Lebensgang
GA 30: Methodische Grundlagen der Anthroposophie
GA 35: Philosophie und Anthroposophie
GA 55: Die Erkenntnis des Übersinnlichen in unserer Zeit und deren Bedeutung für das heutige Leben
GA 93: Die Tempellegende und die Goldene Legende
GA 99: Die Theosophie des Rosenkreuzers
GA 118: Das Ereignis der Christus-Erscheinung in der ätherischen Welt
GA 130: Das esoterische Christentum und die geistige Führung der Menschheit
GA 155: Christus und die menschliche Seele
GA 159: Das Geheimnis des Todes
GA 197: Gegensätze in der Menschheitsentwickelung
GA 203: Die Verantwortung des Menschen für die Weltentwicklung
GA 233: Die Weltgeschichte in anthroposophischer Beleuchtung
GA 233a: Mysterienstätten des Mittelalters
GA 260a: Die Konstitution der allgemeinen anthroposophischen Gesellschaft

GA 264: Zur Geschichte und aus den Inhalten der ersten Abteilung der esoterischen Schule 1904 bis 1914
GA 268: Die Grundsteinlegung der Anthroposophischen Gesellschaft 1923/24, Sonderdruck aus GA 260, Dornach 1986
GA 293: Allgemeine Menschenkunde als Grundlage der Pädagogik
GA 302a: Erziehung und Unterricht aus Menschenerkenntnis
GA 313: Geisteswissenschaftliche Gesichtspunkte zur Therapie

Zeitschriften

Das Goetheanum: Bauzeitung, Dornach, April 2014
Das Goetheanum: Nr. 31/32, Dornach, 1.8.2014
SZ-Magazin, München, 8.6.2012

Bildnachweis

Abb. 1–3, 14: alamy Stockphoto;
Abb. 4, 5: privat;
Abb. 6–13, 15: Harald Falck-Ytter, *Das Polarlicht*, Verlag Freies Geistesleben Stuttgart 1999.

Anmerkungen

1 Rudolf Steiner, *Zur Geschichte und aus den Inhalten der ersten Abteilung der Esoterischen Schule 1904–1914* (GA 264). Dornach 1996, S. 211f.
2 Bernard Lievegoed, *Über die Rettung der Seele.* Stuttgart 2016, S. 90ff.
3 Rudolf Steiner, *Die Theosophie des Rosenkreuzers* (GA 99).
4 Rudolf Steiner, *Das esoterische Christentum und die geistige Führung der Menschheit* (GA 130).
5 Johann Valentin Andreae, *Die Chymische Hochzeit des Christian Rosencreutz. Gedeutet und kommentiert von Bastian Baan.* Stuttgart 2001, S. 7.
6 Vgl. Rudolf Steiner, *Philosophie und Anthroposophie* (GA 35), S. 332.
7 Vgl. Rudolf Steiner, *Das esoterische Christentum* (GA 130), S. 77.
8 Rudolf Steiner, *Die Theosophie des Rosenkreuzers* (GA 99), S. 14.
9 Rudolf Steiner, *Das esoterische Christentum* (GA130), S. 69f.
10 Ebenda, S. 79.
11 Ebenda, S. 79.
12 Rudolf Steiner, *Mysterienstätten des Mittelalters. Rosenkreuzertum und modernes Einweihungsprinzip* (GA 233a), S. 97.
13 Ebenda, S. 83.
14 In der Übersetzung von Emil Bock Stuttgart, 1982.
15 Rudolf Steiner, *Vom Menschenrätsel* (GA 20), S. 163.
16 Ebenda, S. 163f.

17 Rudolf Steiner, *Mein Lebensgang* (GA 28), S. 316.
18 Ebenda, S. 318.
19 Friedrich Rittelmeyer, *Meine Lebensbegegnung mit Rudolf Steiner,* S. 32.
20 Johannes Wilhelm Gädeke: *Zur Fama Fraternitatis;* siehe auch Kapitel IX, 3.
21 Rudolf Steiner, *Die Erkenntnis des Übersinnlichen in unserer Zeit* (GA 55), S. 196.
22 Rudolf Steiner, *Die Theosophie des Rosenkreuzers* (GA 99), S. 25.
23 Johann Peter Eckermann, *Gespräche mit Goethe,* Kapitel 112.
24 J. W. Goethe: Werke, Hamburger Ausgabe in 14 Bänden. München 1981, Bd. 13, S. 40.
25 Novalis, Werke. Hrsg. von Gerhard Schulz, München 1987, Bd. 2, S. 332 Nummer 96.
26 Goetheanum Nr. 31/32 vom 1.8.2014.
27 Kandinsky und Marc: *Der Blaue Reiter,* München 1912. Neu herausgegeben von Klaus Lankeit, München 1965, S. 324.
28 Ebenda, S. 132.
29 Ebenda, S. 286.
30 Ebenda, S. 321.
31 Ebenda, S. 287.
32 Ebenda, S. 54.
33 Ebenda, S. 324.
34 Wassily Kandinsky, *Essays über Kunst und Künstler,* Bern 1973, S. 213.
35 Rudolf Steiner, *Anthroposophische Leitsätze* (GA 26), S. 14.
36 Rudolf Steiner, *Mein Lebensgang* (GA 28), S. 411ff.
37 Siehe hierzu: Hella Wiesberger, in *Zur Geschichte und aus den Inhalten der ersten Abteilung der Esoterischen Schule 1904 bis 1914* (GA 264), S. 491.
38 Ebenda, S. 492.
39 Rudolf Steiner, *Die Konstitution der Allgemeinen Anthroposophischen Gesellschaft und der Freien Hochschule für*

Geisteswissenschaft. Der Wiederaufbau des Goetheanum (GA 260a), S. 89.

40 *Anthroposophie wird Kunst. Der Münchner Kongress 1907 und die Gegenwart.* Hrsg. v. Karl Lierl / Florian Roder. München 2005, S. 72.

41 Hella Wiesberger, *Rudolf Steiners esoterische Lehrtätigkeit.* Dornach 1997, S. 26.

42 Rudolf Steiner, *Methodische Grundlagen der Anthroposophie* (GA 30), S.17.

43 Rudolf Steiner, *Die Erkenntnis des Übersinnlichen in unserer Zeit* (GA 55), S. 182.

44 *Anthroposophie wird Kunst,* a.a.O., S. 241.

45 Rudolf Steiner, *Kosmogenie* (GA 94), S. 176.

46 Rudolf Steiner, *Die Theosophie des Rosenkreuzers* (GA 99), S. 15.

47 Ebenda, S. 17.

48 Ebenda, S. 18.

49 Die Darstellung der Begründung der Heilpädagogik beruht zunächst auf meinen reichen persönlichen Erinnerungen an die eindrucksvollen Schilderungen von Franz Geraths und Ernst Lehrs im Heilpädagogischen Seminar in Eckwälden, im Weiteren auf den Ausführungen von Johannes Denger, Johannes Kirsch und Alfred Kon in dem Sammelband *Anthroposophie im 20. Jahrhundert.* Hrsg. Bodo von Plato: Dornach 2003.

50 Rudolf Steiner zu Ehrenfried Pfeiffer aus: Alla Selawry, *Ehrenfried Pfeiffer,* Dornach, 1987, S. 25.

51 Rudolf Steiner, *Die Theosophie des Rosenkreuzers* (GA 99), S. 18.

52 Rudolf Steiner, *Die Verantwortung des Menschen für die Weltentwickelung durch seinen geistigen Zusammenhang mit dem Erdplaneten und der Sternenwelt* (GA 203), S. 100.

53 Alle Zitate, die sich auf die Tätigkeit von Daniel Libeskind beziehen und nicht anders gekennzeichnet sind, stammen

aus seiner Autobiografie: *Entwürfe meines Lebens,* München 2006, und werden nur mit der Seitenangabe gekennzeichnet, hier S. 15.

54 Siehe: https://sz-magazin.sueddeutsche.de/fussball/ich-tauche-in-den-muskel-79744. Abgerufen am 1 Juli 2019.

55 Rudolf Steiner, *Geisteswissenschaftliche Gesichtspunkte der Therapie* (GA 313), S. 28.

56 E. M. Kranich, *Anthropologische Grundlagen der Waldorfpädagogik.* Stuttgart, 1999, S. 141.

57 Rudolf Steiner, *Die Weltgeschichte in anthroposophischer Beleuchtung und als Grundlage der Erkenntnis des Menschengeistes* (GA 233), S. 141.

58 Rudolf Steiner, *Allgemeine Menschenkunde als Grundlage der Pädagogik* (GA 293), S. 27ff.

59 Vgl.: Rudolf Steiner, *Die Konstitution der Allgemeinen Anthroposophischen Gesellschaft und der Freien Hochschule für Geisteswissenschaft* (GA 260a), S. 41.

60 Rudolf Steiner, *Wie erlangt man Erkenntnisse der höheren Welten?* (GA 10), S. 43.

61 Ebenda, S. 44.

62 Rudolf Steiner, *Einleitungen zu Goethes Naturwissenschaftlichen Schriften* (GA 1), S. 337.

63 Ebenda, S. 338.

64 Wassily Kandinsky, *Essays über Kunst und Künstler,* Bern 1973, S. 213.

65 Rudolf Steiner, *Die Geheimwissenschaft im Umriss* (GA 13), S. 169.

66 Ebenda, S. 175.

67 Ebenda, S. 188.

68 Ebenda, S. 61.

69 Rudolf Steiner, *Die Erkenntnis des Übersinnlichen in unserer Zeit* (GA 55), S. 190.

70 Rudolf Steiner, *Philosophie und Anthroposophie. Gesammelte Aufsätze 1904–1923* (GA 35), S. 350.

71 Rudolf Steiner, *Die Tempellegende und die Goldene Legende* (GA 93), S. 60ff.
72 Rudolf Steiner, *Anthroposophische Leitsätze* (GA 26), S. 14.
73 Rudolf Steiner, *Mantrische Sprüche* (GA 268), S. 268ff.
74 Rudolf Steiner, *Die Tempellegende und die Goldene Legende,* a.a.O., S. 59.
75 Rudolf Steiner, *Mantrische Sprüche* (GA 268), S. 268ff.
76 Rudolf Steiner, *Die Tempellegende und die Goldene Legende* (GA 93), S. 59ff.

Die Autorin

Anna Seydel wurde 1933 in Pommern geboren. Durch die Flucht ihrer Familie wurde sie mit vielfältigen Schulen und Schulsystemen vertraut. Nach dem Abitur und dem Lehramtsexamen lernte sie die Anthroposophie kennen und besuchte ein Jahr lang das Heilpädagogische Seminar in Eckwälden. Es folgten viele Jahre als Klassenlehrerin in der Waldorfschule München Schwabing und als Dozentin am Südbayerischen Lehrerseminar. 2009 veröffentlichte sie *Ich bin Du, Kindererkenntnis in pädagogischer Verantwortung.* Anna Seydel lebt in München.